1

Lær mig at bede, Gud. Lær du mig bøn.

Af Robert Jespersen

Forfatter:
Robert Jespersen

Coverbillede:
Maleri af Robert Jespersen

Forlag:
Books on Demand GmbH, København, Danmark

Fremstilling:
Books on Demand GmbH, Norderstedt, Tyskland

ISBN 978-87-7145-612-7

Lær mig at bede Gud

En af Jesu disciple sagde en dag til ham: "Herre, lær os at bede, som Johannes også lærte sine disciple." (Luk. 11:1) Og så lærte Jesus dem at bede "Fadervor", som er hovedemnet i denne bog. Bøn er ikke bare ord. Jesus havde tidligere i sin 'Bjergprædiken' talt om bøn. Da sagde han til dem: "Men når I beder, må I ikke lade munden løbe, som hedningerne gør; thi de mener, at de bliver bønhørt for deres mange ord." Det er heller ikke stedet, der betyder noget som sådan. Når Jesus nævner lønkammeret, så er det for at gøre det klart, du ikke beder, for at andre skal høre dig; det skal være en uforstyrret dialog mellem dig og din himmelske Fader. Du skal ikke bede for at bede, for sådan gør man, når man er en kristen. Jesus sagde, at du skal bede i "Ånd og sandhed." Du må ikke bare sige en masse ord ud i luften, men du skal være dig bevidst, at det er din himmelske Fader, du taler med.

Bøn er en kontakt med Gud, hvor du takker Gud for hans omsorg for dig og dine, og hvor du fremlægger det, du har behov for, det du ikke selv kan skaffe ved dit daglige arbejde. Jesus sagde, at vores himmelske Fader ved, hvad vi trænger til, før vi beder ham. Når vor himmelske

Fader ved, hvad vi trænger til, før vi beder ham, hvorfor skal vi så bede om at få det? Hvorfor giver han os det ikke uden videre? Hvis Gud gjorde det, så ville vi måske bare føle, at vi fik det ved en tilfældighed. Gud ønsker, at vi skal gøre os det klart, hvilke behov vi har, og hvad det er, vi ønsker at modtage fra ham.

Vi læser i Matt. 20:29-34 om to blinde, der råbte på Jesus: "Og da de gik ud af Jeriko, fulgte en stor folkeskare ham. Og se, der sad to blinde ved vejen, og da de hørte, at det var Jesus, som gik forbi, råbte de og sagde: "Herre, forbarm dig over os, du Davids søn!" Men skaren truede ad dem, for at de skulle tie; men de råbte endnu højere og sagde: "Herre, forbarm dig over os, du Davids søn." Da standsede Jesus, kaldte på dem og spurgte: "Hvad vil I have, at jeg skal gøre for jer?" De svarede ham: "Herre! lad vore øjne blive åbnede." Så ynkedes Jesus inderligt og rørte ved deres øjne; og straks fik de deres syn igen, og de fulgte ham."

Mon ikke Jesus vidste, hvad deres bønneemne var? Helt sikkert; men Jesus ønskede, at de skulle sige, hvad de ønskede. I Matt. 9:27-29 kan vi læse om to andre blinde, der råbte og sagde: "Forbarm dig over os, du Davids søn!" Men Jesus gik bare hjem, som om han ikke hørte dem.

Det lod de blinde sig ikke standse af. Hele deres fremtid var afhængig af, at de fik et møde med Jesus. De fulgte efter Jesus, og gik ind i huset til ham. De var i nød, og det er ofte, når vi er i virkelig nød, at vi lærer at bede om det, vi har behov for. Da de blinde kom ind til Jesus, spurgte han dem: "Tror I, at jeg kan gøre dette?" De svarede: "Ja, Herre!" Da rørte Jesus ved deres øjne og sagde: "Det skal ske jer, som I tror." Og deres øjne åbnedes. Her spurgte Jesus efter deres tro. Han prøvede deres tro ved at gå videre, som om han ikke hørte dem, og da de kom ind til ham, spurgte han dem direkte: "Tror I, jeg kan gøre det?" Det var Ikke Jesu tro på helbredelse, der helbredte dem; men det var gemmen deres egen tro på Jesu guddommelige kraft, at de blev helbredt.

I Luk. kap. 11 underviser Jesus også om bøn. Han bruger en lignelse og siger til dem: "Om nogen af jer har en ven og midt om natten går hen til ham og siger til ham: 'Kære! lån mig tre brød, for en ven af mig er kommen rejsende til mig, og jeg har ikke noget at sætte for ham', og han derindefra så vil svare og sige: 'Vold mig ikke besvær; døren er allerede lukket, og både mine børn og jeg selv er gået i seng; jeg kan ikke stå op og give dig noget' - jeg siger jer: Selv om han ikke står op og giver ham det, fordi han er hans ven, så vil han dog for hans påtrængenheds skyld stå op og give ham, hvad han behøver."

Sådan viser Jesus os, at vi ikke skal give op, selv om vi ikke får bønnesvar med det samme.

"Vær udholdende i bønnen og årvågne i den med taksigelse", skrev Paulus til kolossenserne. Hvem skal vi bede til? Jesus lærte os at bede til vor himmelske Fader. Hvordan skal du bede? Du skal bede således: "Vor Fader, du som er i Himlene! Helliget vorde dit navn." Selv om vi må benytte os af et så familiært navn, som "Vor Fader", så må vi ikke drage det ned på et lav plan. Det må være med ærefrygt, at vi henvender os til ham. Vi må huske, at Gud er hellig, og derfor kan vi kun komme til ham i Jesu navn. "Ingen kan komme til Faderen uden gennem mig", sagde Jesus. Det gælder i alle forhold. Det gælder også i bønnen. Det er ikke nok, at vi med munden siger, at vi beder i Jesu navn. Hvis vi ikke har vor forbindelse med Jesus i orden, så siger Jesus: "Ham kender jeg ikke." Og så er vor bøn forgæves. Men hvis dit liv er overgivet til Jesus, så har du Bibelens løfter på, at Jesus også helt og fuldt kan frelse dem, der kommer til Gud ved ham, fordi han altid lever, så han kan gå i forbøn for dem.

David siger også noget om bøn til Gud. Han siger noget om, hvordan man skal være, for at Gud hører vore bønner. Han siger: (Salme 37:3-6) "Stol på Herren og gør det gode, bo i landet og læg vind på troskab, da skal du have din fryd i Herren, og han skal give dig, hvad dit hjerte attrår. Vælt din vej på Herren, stol på ham, så griber han ind og fører din retfærdighed frem som lyset, din ret som den klare dag."

Lad mig lige indskyde, at det, du på et tidspunkt mener, der er det bedste for dig, det er måske ikke det bedste for dig fra Guds synspunkt, og han har det store overblik. Derfor må vi også lære at bede: "Ske din vilje." Og så må vi bøje os for Guds vilje. Vi må lære, at et "nej" også er et svar. "Stol på Herren", sagde David, "Vælt din vej på Herren, stol på ham, så griber han ind."

Det samme skrev Johannes i sit første brev 5:14: "Og dette er den tillid, vi har til ham, at når vi beder om noget efter hans vilje, hører han os." Vi må have tillid til Gud. Tro på Gud. Som der står i Heb. 11:6: "Men uden tro er det umuligt at have hans velbehag; thi den, som kommer til Gud, må tro, at han er til og lønner dem, der søger ham."

Når vi beder, må vi ikke bede for at bede, for nu er det det tidspunkt, hvor vi er vant til at bede. Det er ikke forkert at have et fast tidspunkt til bøn; men vi må være bevidst, at vi er ind for vor himmelske Fader, og om hvad vi beder om. Vi må også gøre os det klart, at det, vi beder om, er efter Guds vilje. Vi må have det rette motiv, når vi beder. Jakob skrev i sit brev 4:2b-3: "I lever i kamp og strid, og I får intet, fordi I ikke beder; I beder, og I får ikke, fordi I beder dårligt, kun for at ødsle det bort i jeres lyster."

Jesus sagde: "Bed, så skal der gives jer; søg, så skal I finde, bank på, så skal der lukkes op for jer." Da Jesus underviste på denne måde, havde han umiddelbart før sagt: "Når I beder, må I ikke lade munden løbe, som hedningerne gør." Og han havde også lige lært dem at bede "Fadervor", og heri lærte han dem at bede: "Ske din vilje."

Nu har vi set på at bede til Faderen i Jesu navn. Kan vi ikke bare bede til Jesus? Jesus lærte os at gå til Faderen i hans navn, så det må jo være hans vilje, at vi skal gøre det. Men vi finder mange steder i Bibelen, hvor der er nogen, der beder til Jesus. Og når der står, at enhver, der påkalder hans navn, skal frelses, så er det Jesu navn, der henvises til. Der står også, at Jesus er menighedens hoved, derfor er det jo naturligt, at vi henvender os til ham om vejledning angående det, der hører menigheden til.

Jesus sagde til sine disciple: "Hvis I bliver i mig, og mine ord bliver i jer, så bed om hvad som helst, I vil, og I skal få det." Hvis vi bliver i Jesus, så kan vi bede og få. Vi citerer jo ofte ordet i Hebræerne 4:16: "Lad os derfor med frimodighed træde frem for nådens trone for at få barmhjertighed og finde nåde til hjælp i rette tid." Hvorfor kan vi træde frem for nådes trone med frimodighed? Fordi Jesus er der. Jesus har jo fået sæde ved Faderens højre hånd. Hvem henvender vi os til? Faderen og Sønnen på en gang? Hvis der er noget, der skal tilgives, så henvender vi os nok til Jesus, da vi har fået tilgivelse gennem ham.

Hvad med at bede til Helligånden? Helligånden bliver kaldt nådens og bønnens Ånd, og der står, at vi skal bede i Ånd og sandhed. Yderligere står der, at Ånden kommer os til hjælp i vor magtesløshed; thi hvad vi rettelig bør bede om, forstår vi ikke, men Ånden selv går i forbøn for hellige." Vi ser altså, at vi beder i Ånden, men vi finder ingen steder i Bibelen, at nogen beder til Ånden. Derimod ser vi, at der står: "Hvor meget snarere vil så ikke Faderen fra Himmelen give Helligånden til dem, der beder ham." Bedrøver vi ikke Helligånden, når vi ikke beder til ham? Nej, Helligånden leder vore tanker hen til Faderen og Sønnen. Derimod bliver han bedrøvet, hvis vi ikke modtager ham og ikke lader os lede af ham.

I de vers fra Bibelen, som vi har læst angående bøn, har vi mødt ord som tro og tillid, udholdenhed og frimodighed. Jesu ord i Johannes 15:7 lød således: "Hvis I bliver i mig, og mine ord bliver i jer, så bed om, hvad som helst, I vil, og I skal få det." Det er et fantastisk løfte, vi får her. Især, hvis vi understreger den sidste del af verset og kun læser: "Bed om, hvad som helst, I vil, og I skal få det." Det er bedre at understrege den første del af verset: "Hvis I bliver i mig, og mine ord bliver i jer." Det er det, vi har brug for at huske. Så er vi igen inde på at bede: "Ske din vilje:" Vi har jo lov til at bede om det, der er nødvendigt for os i hverdagen. Jesus lærte os jo at bede om det daglige brød, og som vi læser i Salme 37:3-4: "Stol på Herren og gør det gode, bo i landet og læg vind på troskab, da skal du have din fryd i Herren, og han skal give dig, hvad dit hjerte attrår." Du skal få det, du attrår; men der er stadigvæk betingelser for, at du får det. Johannes er inde på det samme i sit 1. brev 3. kap. vers 21-23: "I elskede, hvis vort hjerte ikke fordømmer os, har vi frimodighed over for Gud, og hvad vi end beder om, får vi af ham, fordi vi holder hans bud og gør det, der er ham velbehageligt. Og dette er hans bud, at vi skal tro på hans Søns Jesu Kristi navn og elske hverandre, som han har befalet os."

Hvis vort hjerte ikke fordømmer os, har vi frimodighed over for Gud. Hvis vort hjerte fordømmer os, så kan vi ikke bede om andet end tilgivelse. Men har vi frimodighed over for Gud, så står der: "Og hvad vi end beder om, får vi af ham, fordi vi holder hans bud og gør det, der er ham velbehageligt." Har vi efter at have læst eller hørt den sidste del af verset frimodighed ind for Gud til at bede om noget? Stiller vi ikke i stedet for spørgsmålet: "Hvad er Guds bud?" og "Hvad er velbehageligt for ham?"

Johannes giver os svaret i de følgende vers: "Og dette er hans bud, at vi skal tro på hans Søns Jesu Kristi navn, og elske hverandre, som han har befalet os." Dette med at elske hverandre, er et stort emne for sig selv, da der ligger mere i de ord end venlighed og varme følelser, når vi ser hinanden. Det er et emne, der er vanskeligt at blive færdig med, så jeg er glad for det 24. vers, hvor der står: "Og den, der holder hans bud, bliver i Gud, og Gud i ham; og deraf kender vi, at han bliver i os: af den Ånd, han har givet os."

Jesus sagde en dag til sine disciple: (Mark. 11:23-25) "Sandelig siger jeg jer: den der siger til dette bjerg: 'Løft dig op og kast dig i havet' og ikke tvivler i sit hjerte, men tror, at det sker, som han siger, han skal få det opfyldt. Derfor siger jeg jer: Alt, hvad I beder og bønfalder om - tro, at I har fået det, så skal I få det. Og når I står og beder, skal I tilgive, hvis I har noget imod nogen, for at jeres Fader, som er i Himlene, også kan tilgive jer jeres overtrædelser."

Når vi læser Guds ord, så lad os også lære det, der måske kan være svært for os, som netop det at tilgive nogen, der har været uretfærdige over for os. Vi må virkelig lære bønnen i 'Fadervor': "Forlad os vor skyld, som vi også forlader vore skyldnere." Ikke alene lære at remse det op, men lære at gøre det. Bøn er ikke alene bøn om at få, hvad man har behov for til sig selv og sin familie, det er også bøn for andre. Det man kalder forbøn. Paulus ønskede forbøn. Han skrev til menigheden i Kolossenserne: (4:3-4) "Og bed tillige for os, at Gud vil åbne os en dør for ordet, så vi kan forkynde Kristi hemmelighed, for hvis skyld jeg også er i lænker; ja, bed om, at jeg må åbenbare den med de rette ord." Paulus havde brug for forbøn, og han giver flere gange udtryk for, at han selv bad for de mange menigheder, som han havde kontakt med. F.eks. kan vi læse om hans forbøn for menigheden i Efesus: (Ef. 1:15-20) "Derfor kan jeg, siden jeg har hørt om jeres tro på Herren Jesus og jeres kærlighed til alle de hellige, ikke holde op med at takke for jer, når jeg nævner jer i mine bønner. Og jeg beder om, at vor Herres Jesu Kristi Gud, herlighedens Fader vil give jer visdoms og åbenbarings Ånd i jeres erkendelse af ham, og at han vil oplyse jeres hjertes øjne, så I forstår, hvilket håb, han kaldte jer til, hvor rig på herlighed hans arv er blandt de hellige, og hvor overvældende stor hans magt er i os, som tror." Paulus så, hvilke behov menigheden havde, og han bad for dem, at de ville opleve dette. Det ser ikke ud til, at menigheden selv tog denne bøn alvorlig. Ca. 30 år senere måtte Johannes skrive dette budskab fra Jesus til dem: "Jeg har det imod dig, at du har svigtet din første kærlighed. Kom derfor i hu, hvorfra du er faldet, og omvend dig og gør de samme gerninger, som i den første tid; ellers kommer jer over dig og flytter din lysestage fra dens plads, hvis du ikke omvender dig." (Johs. Åb. 2:4-5)

Paulus bad for dem, men de kunne ikke leve på forbønnen alene, de måtte selv gå ind i bønnen og være villige til at modtage det, som Paulus bad om. Forbønnens magt er stor; men vi må ikke dysse os selv hen med, at der er nogen, der beder for os. Vi har behov for selv at bede, men lad os ikke undervurdere forbønnen. Jesus gik i forbøn for Peter endnu før, Peter fornægtede ham. Jesus sagde: "Simon, Simon! Se, Satan begærede jer for at sigte jer som hvede. Men jeg bad for dig, at din tro ikke må glippe. Og når du engang omvender dig, da styrk dine brødre." (Luk. 22:31-32) Det var ikke kun dengang, at Jesus gik i forbøn. Vi har allerede været inde på, at Helligånden går i forbøn for os. Der står om Jesu: "Derfor kan han også helt og fuldt frelse dem, som kommer til Gud ved ham, fordi han lever, så han kan gå i forbøn for os.

Det kan vel være vanskeligt for os, at forstå den fulde betydning af forbønnen; men vi oplever Guds svar på bøn. Jakob skrev, at retfærdiges bøn har en mægtig virkende kraft.

Han bruger Elias' bøn som et eksempel. "Elias var et menneske under samme vilkår som vi, og han bad en bøn om, at det ikke måtte regne, og det regnede ikke over landet i 3 år og seks måneder. Og han bad på ny, og himmelen gav regn, og jorden lod sine afgrøder spire frem." Sådan er der mange beretninger i Bibelen om bønnesvar.

Jesus lærte sine disciple at bede, og fra menighedens

begyndelse var bønnen et af hovedpunkterne i menighedens funktioner. Der står om den første menighed: "De holdt fast ved apostlenes lære og ved fællesskabet, ved brødsbrydelsen og bønnerne." (Ap.Gr. 2:42). Paulus opfordrede gang på gang menigheden til at være udholdende i bønnen. Da han opmuntrede efeserne til at iføre sig Guds fulde rustning, sluttede han med ordene: "Gør dette til enhver tid under stadig påkaldelse og bøn, idet I altid beder i Ånden, og vær årvågne dertil med stadig udholdenhed og bøn for alle de hellige. "(Ef.6:18)

Så lad da også os være årvågne i bønnen i tillid til, at Herren hører og bønhører os.

Fadervor

Jeg blev engang spurgt om: "Hvem skal man bede til, til Jesus eller til Gud?" Vi har vel indenfor 'Pinsevækkelsen' for det meste bedt til Jesus. Der er jo mange henvisninger i 'Det nye Testamente', hvor vi bliver opfordret til at bede til Jesus. F. eks. så sagde Jesus til sine disciple (Johs. 14:14): "Hvis I beder mig om noget i mit navn, vil jeg gøre det." Jesus er mellemmand mellem Gud og os. Men når vi er forsonet med Gud, så træder Jesus til side og siger: "I kan gå direkte til jeres himmelske Fader med jeres bønneemner. I kan med frimodighed gå ind for nådens trone med jeres bønneemner." Og så lærte Jesus os at bede. Han sagde: (Matt. 6:9-13) "Derfor skal I bede således: 'Vor Fader, du som er i Himlene! Helliget vorde dit navn; komme dit rige; ske din vilje på jorden, som den sker i Himmelen; giv os i dag vort daglige brød; og forlad os vor skyld, som vi også forlader vore skyldnere; og led os ikke ind i fristelse; men fri os fra det onde. Thi dit er Riget og magten og æren i evighed. Amen."

Læg mærke til, at Jesus siger her, at vi skal bede til vor himmelske Fader. Han lærer os at bede til Gud, som vor himmelske Fader. Han lærer os at se op til Gud, som vores fader. Ens far er den, der har givet en liv. Hans natur er at give sit barn det, det har behov for og at beskytte det. Værne om det. Lede det ad rette veje gennem livet. En far vil hjælpe sit barn så meget, som han kan, og så meget, han får lov til.

Men da mennesker udvikles ved at gøre sine egne erfaringer, så venter faderen med at hjælpe, til han bliver bedt om det. Han tilbyder måske sin hjælp, og han har måske hjælpen parat, men han blander sig ikke utidigt i sønnens eller datterens forhold. Sådan er vor himmelske Fader. Men hvordan er vi, når vi henvender os til vores himmelske Fader? Beder vi til vores himmelske Fader, fordi det er noget, man gør? eller er det en bøn bag ordene? Jesus sagde en dag til sine disciple: "Ikke I har udvalgt mig, men jeg har udvalgt jer og sat jer til at gå hen og bære frugt, og det en varig frugt, så at Faderen kan give jer, hvad som helst, I beder ham om i mit navn. (Johs. 15:16).

Hvem har Gud til fader? Er det nok, at han er skaberen af alle mennesker? Er alle mennesker af den grund Guds børn? Da Nikodemus kom til Jesus om natten, sagde Jesus til Ham: "Sandelig, sandelig siger jeg dig: ingen kan se Guds rige, hvis han ikke bliver født på ny". Videre sagde han: "Ingen kan komme ind i Guds rige, hvis han ikke bliver født af vand og Ånd." "Ligesom Moses ophøjede slangen i ørkenen, sådan må menneske-sønnen ophøjes, for at enhver, som tror, skal have evigt liv i ham." (Johs. 3:14-15) Jesus viser her hen til sin korsfæstelse. Enhver, som tror på Jesus, bliver født på ny, hvis han overgiver sit liv til Jesus.

"Derfor, hvis nogen er i Kristus, er han en ny skabning; det gamle er forbi, se, noget nyt er blevet til." (2. Kor. 5,17) Gud forligte os med sig selv ved Kristus. Det er det, Jesus kalder at blive født på ny. Når vi er født på ny, når Guds Ånd er i os, så er vi Guds børn, og Gud er vor Fader. Så kan vi begynde at bede: "Fader vor, du som er i Himlene."

Vi ser her, at Jesus siger, at vores himmelske Fader er i Himlene, men i bønnen: "Ske din vilje" siger han: "Som den sker i Himmelen." Jesus siger i Johs. 14:1-2: "Jeres hjerte forfærdes ikke! Tro på Gud, og tro på mig. I min Faders hus er der mange boliger." Det viser, at Gud har et sted i Himmelen, hvor han har en bolig. Der hvor Guds trone står. Men Gud er ikke en person, der er fastnaglet til sin trone. Gud er Ånd, og han er ikke begrænset til et lille område. David siger i Salme 139:7-10. "Hvorhen skal jeg gå for din Ånd, og hvor skal jeg fly for dit åsyn? Farer jeg op til Himmelen, da er du der, reder jeg leje i Dødsriget, så er du der; tager jeg morgenrødens vinger, fæster jeg bo, hvor havet ender, da vil din hånd også lede mig der, din højre holde mig fast!" Vi fatter ikke Guds storhed, og dog må vi kalde Gud for vores far.

Når Jesus taler om vor himmelske Fader, så tænker han

på en fader, der har den værdighed og rettighed, som en fader havde på den tid, da Jesus levede her på Jorden, og som en faders stilling var i Det gamle Testamentes tid. Faderen var herre i sit hus. Han bestemte over sine børn så længe, de var hjemme. Han bestemte over deres fremtid, og hvem de skulle giftes med. Det var ikke som nutidens humanistiske livsindstilling med dens frie opdragelse, hvor børnene kræver, hvad de vil have, og hvor mange bliver hysteriske, hvis de ikke får deres vilje. De mener, at de har ret til at få alt, hvad de beder om. Mange voksne mennesker har det på samme måde over for deres himmelske Fader. Sagde Jesus ikke: "Så Faderen kan give jer, hvad som helst, I beder om i mit navn." Og: "Hvis I beder om noget i mit navn, det vil jeg gøre, for at Faderen kan herliggøres ved Sønnen." Jo, det står der, når versene er plukket ud af deres sammenhæng. Læg mærke til, at Jesus sagde det til sine udvalgte disciple, ikke ud over de store skarer, der flokkedes om ham.

Selv om fædrene på Jesu tid havde stor magt i hjemmet, så var det ikke normalt, at de var kolde og kyniske. De elskede deres børn mindst lige så højt, som fædre gør i vore dage. Man kan jo bare tænke på faderen i lignelsen om den fortabte søn. (Luk. 15:20-23) Her står der: "Og han stod op og gik til sin fader. Men da han endnu var langt borte, så hans fader ham og ynkedes inderligt og kom løbende og faldt ham om halsen og kyssede ham. Og sønnen sagde til ham: "Fader! jeg har syndet imod Himmelen og over for dig, jeg er ikke længer værd at kaldes din søn." Men faderen sagde til sine tjenere: "Skynd jer at komme med den bedste klædning og giv ham den på og sæt en ring på hans hånd og giv ham sko på fødderne; og hent fedekalven og slagt den og lad os spise og være glade".

Se, hvilken kærlighed vores himmelske Fader har til os. Sønnen tog imod disse værdighedstegn, som faderen ville give ham. Han fik ikke sagt: "Lad mig bare være som en af dine daglejere." Han tog imod det alt sammen, og faderen glædede sig over at have ham igen. Sådan bliver der glæde i Himmelen, hver gang en synder omvender sig. Mon den fortabte søn bare fik en anden klædning på, som han var? Nej, han blev sikkert først renset for al det snavs, han havde fået på sig i den tid, han gik blandt svinene, derefter blev han iklædt en ren klædning.

Sønnen var ikke værdig til at regnes for at være søn, men faderen gjorde ham værdig til det. På samme måde er vi ikke værdige til at blive Guds børn; men Gud gjorde os værdige ved, at Jesus sonede vore synder på korset. Ligesom den fortabte søn tog imod alle de værdigheds-tegn, som faderen ville give ham, bør vi også tage imod de værdighedstegn, som vores himmelske Fader vil give os. Jesus sammenligner et andet sted vores himmelske

Fader med en jordisk fader: (Luk. 11:11-13) "Findes der mon nogen fader iblandt jer, som vil give sin søn en sten, når han beder om et brød, eller når hans søn beder om en fisk, så i stedet for en fisk vil give ham en slange? Eller når han beder om et æg, mon han så vil give ham en skorpion? Når da I, der er onde, forstår at give jeres børn gode gaver, hvor meget snarere vil så ikke Faderen fra Himmelen give Helligånden til dem, som beder ham."

Der er mange, der beder "Fadervor", og når de har gjort det, så vender de tilbage og fortsætter med deres syndige liv. Vi beder: "Fader vor. Du som er i Himlene, Helliget vorde dit navn." At være helliget betyder at være: Indviet, adskilt fra alle andre, tilbedt, æret. Som Jesus sagde til den samaritanske kvinde: (Johs. 4:24) "Gud er ånd, og de, som tilbeder ham, bør tilbede ham i ånd og sandhed." Hvordan kan man tilbede i ånd og sandhed, hvis man ikke er blevet renset i troen på Jesus og fyldt af Guds Ånd? Hvordan kan man bede: "Helliget vorde dit navn", hvis man ikke selv vil leve i hellighed? Det vil sige, at man har overgivet sit liv til Gud. Jesus sagde: "Ingen kommer til Faderen uden ved mig." (Johs. 14:6). Som jeg har nævnt før, så er der ikke nogen, som kan kalde Gud sin Fader, før de er født på ny. Ved at bede "Fadervor" kan de tilfredsstille deres religiøse behov; men er det en bøn til Gud?

Hvem tør da gå ind for Gud og bede til ham? Det gør de,

der er Guds børn. I Heb. 4:15-16 står der: "Thi vi har ikke en ypperstepræst, som ikke kan have medlidenhed med vore skrøbeligheder, men en, som har været fristet i alle ting ligesom vi, dog uden synd. Lad os derfor med frimodighed træde frem for nådens trone for at få barmhjertighed og finde nåde til hjælp i rette tid." Jesus er mellemmand mellem os og vores himmelske Fader; han er vor ypperstepræst, der går i forbøn for os. Han sagde til sine disciple: "I kan med frimodighed gå frem for nådens trone, når I beder i mit navn."

Når I beder i mit navn. Når I tilhører mig, kan I kalde Gud for jeres himmelske Fader; men husk, at det er en hellig Gud, I henvender jer til! Apostlen Peter skrev i sit første brev første kapitel vers 14-23: "Som lydige børn må I ikke rette jer efter de lyster, som I før, i jeres uvidenhed, levede i. Men ligesom han, der kaldte jer, er hellig, således skal også I være hellige i al jeres færd; thi der står skrevet: 'I skal være hellige; thi jeg er hellig.' Og hvis I som Fader påkalder ham, der er uden personsanseelse dømmer enhver efter hans gerning, så må I også vandre i frygt, så længe I er udlændinge her. I ved jo, at det ikke var med forkrænkelige ting, med sølv eller guld, I blev løskøbt fra det tomme liv, I havde arvet fra forfædrene, men med Kristi dyrebare blod som med blodet af et lam uden plet eller lyde. Hertil var han forudbestemt, før verdens grundvold blev lagt, men blev ved tidernes ende åbenbaret for jeres skyld. I, som ved ham er kommet til tro på Gud, der vakte ham fra de døde og gav ham herlighed, så jeres tro også er håb til Gud. Da I har renset jeres sjæle i lydighed imod sandheden til at nære oprigtig broderkærlighed, så elsk hverandre inderligt af hjertet, genfødte, som I er, ikke af forkrænkelig, men af uforkrænkelig sæd, ved Guds levende og blivende ord." Det er altså en hellig Gud, vi beder til. Kan vi bede til ham, hvor vi end er? Jesus nævner nogle steder, hvor vi ikke kan bede. I Matt. 6:5 står der: "Når I beder, skal I ikke være som hyklerne; thi de holder af at stå og bede i synagoger og på gadehjørner for at blive set af mennesker; sandelig siger jeg jer: de har allerede fået deres løn udbetalt." Nu er det selvfølgelig ikke forkert at bede i en synagoge; det, der er forkert er, at stå på et specielt synligt sted, for at folk skal se en og beundre en for ens fromhed. I vers 6 viser Jesus os et bedre sted for vor bøn: "Men du, når du beder, så gå ind i dit kammer og luk din dør og bed til din Fader, som ser i det skjulte, og din Fader, der er i det skjulte, skal betale dig." Det er dine private bønner, der her er tale om. I Matt. 18. kap. vers 19 og 20 siger Jesus: "Fremdeles siger jeg jer, at hvad to eller tre af jer her på jorden bliver enige om at bede om, det skal I få af min himmelske Fader. Thi hvor to eller tre er forsamlet i mit navn, der er jeg midt iblandt dem."

Vi kan altså også bede i grupper, som for eksempel i Ap.gr. 4:23-31. Her læser vi om de kristne i Jerusalem, der samledes, og Peter og Johannes gik derhen, da de blev løsladt, efter forhøret i ældsterådet. "Da de nu var blevet løsladt, gik de hen til deres egne og fortalte alt, hvad ypperstepræsterne og de ældste havde sagt til dem; og da de hørte det, opløftede de alle som én deres røst til Gud og sagde: "Herre, du, som har skabt himmelen og jorden og havet og alt, hvad der er i dem, du, som ved Helligånden gennem din tjener Davids mund har sagt: 'Hvorfor fnyste hedninger og pønsede folkefærd på tomhed? Jordens konger rejste sig, og fyrsterne samlede sig mod Herren og mod hans salvede.' Ja, de har i sandhed samlet sig i denne stad imod din hellige tjener Jesus, ham, som du har salvet: både Herodes og Pontius Pilatus sammen med hedningerne og Israels folkestammer for at udføre det, som din hånd og din vilje forud havde bestemt skulle ske. Og nu, Herre! se til deres trusler og giv dine tjenere, at de med fuld frimodighed må tale dit ord, idet du udrækker din hånd til lægedom, og der sker tegn og undere ved din hellige tjeners, Jesu, navn." Og da de havde bedt, rystedes stedet, hvor de var forsamlede; og de blev alle fyldt af Helligånden, og de talte Guds ord med frimodighed."

Jesus talte også om, hvordan vi skal bede. I Matt. 6:7 siger han: "Men når I beder, må I ikke lade munden løbe, som hedningerne gør; thi de mener, de bliver bønhørt for deres mange ord."

Vi ser, at når vi beder, så er det ikke spørgsmålet om, hvor velformet vor bøn er; men hvad vi beder om og om hjertets indstilling. Jesus fortalte en lignelse om en farisæer og en tolder, der gik op til templet for at bede. (Luk. 18:11-14).

Farisæeren trådte frem og bad ved sig selv således: "Gud! jeg takker dig, fordi jeg ikke er som de andre mennesker, røvere, uretfærdige, ægteskabsbrydere og heller ikke som denne tolder. Jeg faster to gange om ugen, jeg giver tiende af hele min indtægt". Tolderen derimod stod langt borte og ville ikke engang løfte sine øjne mod Himmelen, men slog sig for sit bryst og sagde: "Gud! Vær mig synder nådig!" Og så sluttede Jesus lignelsen med: "Jeg siger jer: Han gik retfærdiggjort hjem til sit hus, men den anden ikke". Det er indholdet af bønnen, der betyder noget, ikke hvor fuldendt den er.

Jesus fortalte også en anden lignelse om, hvordan vi skal bede: (Luk. 11:5-8) "Og han sagde til dem: "Om nogen af jer har en ven og midt om natten går hen til ham og siger til ham: 'Kære lån mig tre brød, for en ven af mig er kommen rejsende til mig, og jeg har ikke noget at sætte for ham!' og han derindefra så ville svare og sige: 'Vold mig ikke besvær; døren er allerede lukket, og både mine børn og jeg selv er allerede gået i seng; jeg kan ikke stå op og give dig noget.' - Jeg siger jer: Selv om han ikke står op og giver ham det, fordi han er hans ven, så vil han dog for hans påtrængenheds skyld stå op og give ham, hvad han behøver." Han har et behov, fordi han har fået en gæst, og han har ikke noget at give ham. Han behøver tre brød, så han siger: "Kære! Lån mig tre brød." Han begynder ikke at bede om andre ting samtidig med, at han nu var der. Han blev ved med at bede om tre brød, til vennen stod op og gav ham dem, Vi ser her, at Jesus opfordrer os til at være udholdende i bønnen, når vi beder til vores himmelske Fader. Jesus har al magt i Himmelen og på jorden. Han sonede vore synder på korset. Han forligte os med Gud. Vi har al god grund til at tilbede ham; men han lærte os at bede til vor himmelske Fader. Vi læste for lidt siden, at menigheden bad. De bad til Faderen. Også Paulus gjorde det samme: (Ef. 1:17-21) Han skrev: "Og jeg beder om, at vor Herres Jesu Kristi Gud, herlighedens Fader, vil give jer visdoms og åbenbaringens Ånd i jeres erkendelse af ham, og at han vil oplyse jeres hjertes øjne, så I forstår, hvilket håb han kaldte jer til, hvor rig på herlighed hans arv er iblandt de hellige, og hvor overvældende stor hans magt er i os, som tror. Det er den samme vældige styrkes indgriben, hvormed han virkede i Kristus, da han opvakte ham fra de døde og satte ham ved sin højre hånd i den himmelske verden."

Det er denne almægtige Gud, vi kan gå til og sige: "Fader vor, du som er i Himlene." Og når han svarer på bøn, så er det denne mægtige kraft, der virker i os. Lad det stå klart for os, når vi beder til vor himmelske Fader.

Komme dit rige

Emnet i dette kapitel er meget kort, bare tre ord: "Komme dit rige." Det er den anden bøn i "Fadervor", en bøn, som man lærer udenad allerede i sin barndom, uden at nogen forklarer, hvad den indeholder. Komme dit rige. Det står i ønskeform. Når man beder denne bøn, må man ærligt og oprigtigt ønske, at Guds rige kommer, og man må gøre sig klart, hvad der sker, når Guds rige kommer. Når Guds rige kommer, så er nådens tid forbi.

Vi læser i Matt. 24:30-31: "Og da skal Menneskesønnens tegn vise sig på himmelen; og da skal alle folkestammer på jorden jamre sig, og de skal se "Menneskesønnen komme på himmelens skyer" med kraft og megen herlighed. Og han skal sende sine engle ud med mægtig basunklang, og de skal samle hans udvalgte sammen fra de fire verdenshjørner og fra himmelens yderste grænser."

Vi ser, at englene skal samle de udvalgte sammen. Det vil sige: dem, som er rede til at følge Jesus. Alle andre bliver efterladt på Jorden. Når jeg i Japan talte om dette, havde jeg en meget kraftig magnet og en tallerken med to slags søm. Den ene slags søm var magnetisk, mens den anden slags ikke var magnetisk. Når jeg så førte magneten hen over tallerkenen, hoppede alle de magnetiske søm op til magneten, mens alle de andre var uberørt af magneten. Når Jesus kommer på himlens skyer, så vil alle de, der har Guds Ånd i sig, blive tiltrukket af Jesus og ingen andre.

Når vi beder: "Komme dit rige", så beder vi om, at Jesus skal komme for at overtage regeringen på jorden.
Vi lever i en tidsperiode, som Bibelen kalder "hed- ningernes tid." Når der i Bibelen tales om hedningernes tid, så er det ikke de mennesker, der ikke har taget imod kristendommen, der tales om, men om alle mennesker, der ikke er jøder. Vi har fået en tid, hvor Gud virker iblandt os med sin Helligånd for at frelse mennesker. Vi kalder det: "en nådes tid." Når vi beder: "Komme dit rige", så beder vi om, at denne nådens tid må være forbi, og at Jesus må komme for at hente sin menighed. Men det vil sige, at så er ene egen nådestid også forbi. Derfor må vi også gøre os det klart, om vi selv er rede til at møde Jesus, at man er klar til, at Guds rige kommer.
Fra apostlenes tid har de kristne ventet Jesu genkomst.
Det kan ske i hvert øjeblik, det skal være. Er vi ærlige, når vi beder: "Komme dit rige", eller er "Fadervor" bare en remse, som vi lirer af, når det kræves af os? Er vi rede, så det ikke betyder noget for os, hvornår Jesus kommer?
For mere end 50 år siden, da jeg kom til troen på Jesus,

blev der forkyndt i vore menigheder, at nu kan der ikke være mange år til Jesus genkomst. Det var på grund af, hvad der skete i Israel, at man så tegnet på, at Jesus snart kom igen. Alligevel er der gået mere end 50 år efter den tid. Derfor må vi leve hver dag, som om det er den sidste. Samtidig må vi være beredte til at udnytte den sidste tid, der er tilbage.

Hvis der ikke hele tiden bliver født flere mennesker end dem, der lader sig frelse, så ville jeg hellere bede en anden bøn, som Jesus opfordrer folk til at bede: I Matt. 9: 37-38 siger han: "Høsten er stor, men arbejderne er få; bed derfor høstens Herre om at sende arbejdere ud til sin høst." Jesus ynkes over folk, at de lever uden kendskab til, at Jesus frelser syndere. De forstår ikke deres fortabte tilstand. Derfor opfordrer Jesus os til at bede høstens Herre om at sende arbejdere ud til sin høst.

Men det er ikke emnet her. Emnet er: "Komme dit rige." Vort liv må være overgivet til Herren sådan, at vi med frimodighed kan bede: "Komme dit rige." Jesus opfordrer os til først og fremmest at søge Guds rige og hans retfærdighed. Han siger, at det er mere vigtigt for os end føde og klæder. Hvor er Guds rige? Jesus sagde, at ingen kan se Guds rige, hvis han ikke er født på ny. Så, hvis du vil se Guds rige, må du begynde der. Hvad er da Guds rige, og hvor er det? Jesus sagde: "Mit rige er ikke af denne verden." Det er altså noget, der består udenfor denne verden. Et sted, hvor mennesket ikke ved egen kraft kan nå ud til. End ikke ved nutidens rumraketter.

Somme tider er der nogen, der får lov til at få et syn af det himmelske rige. Moses f.eks. fik lov at se den himmelske helligdom, så han kunne bygge tabernaklet efter samme mønster. Stefanus fik lov at se Guds herlighed og Jesus stående ved Guds højre hånd.

Det kan se ud som om, at Jorden er udset til at være centrum for Guds rige i evigheden, når jorden er renset for synd og urenhed. (Åb. 21:1)

Hvordan vil det være i Guds rige? Jesus taler jo om, at der er mange boliger. Hvor der er mange boliger, som er beboet, der er der en by. Der står om Abraham, at han ventede på staden med de faste grundvolde, hvis bygmester og skaber er Gud. I Åbenbaringen 21. kapitel kan vi læse om staden, og hvad den er bygget af. Det er uforgængelige materialer, og så kostbare, at vi ikke kan fatte det.

Der står, at den kommer ned fra himmelen. Den er altså præfabrikeret, sådan, at den er klar, når der er brug for den. Det betyder også, at vi har et fast tilholdssted i evigheden. Vi skal ikke fare rundt i verdensrummet for at undersøge, hvad der er bagved stjernerne, og hvordan at rummet kan fortsætte uden afslutning.

Der vil altså være en stad, det nye Jerusalem, hvor Herren vil være midt iblandt os. Det er hele formålet med menneskelivet, at Gud vil skabe sig et ejendomsfolk, der vil elske ham, ikke fordi de er skabt til det, men af egen fri vilje.

Hvad vi skal foretage os, giver Bibelen ikke noget klart syn på, så vidt jeg kan se; men Jesus taler om at sidde til bords med Abraham og Isak og Jakob, Matt. 8:11. "Og jeg siger jer: Mange skal komme fra øst og vest og sidde til bords med Abraham, Isak og Jakob i Himmeriget." Og under det sidste påskemåltid sagde Jesus til sine disciple: (Matt. 26:29) "Og jeg siger jer: fra nu af skal jeg ikke mere drikke af denne vintræets frugt før den dag, da jeg skal drikke den ny sammen med jer i min Faders rige." I Åb. 5. kap. kan vi læse om, at der er lovsang og tilbedelse. Vi får altså kun nogle glimt af, hvordan Guds rige er.

I Jesu ypperstepræstlige bøn bad Jesus til sin himmelske Fader således: (Johs. 17:5) "Og nu Fader! herliggør du mig hos dig selv med den herlighed, jeg havde hos dig, før verden blev til." Jesus beskriver Guds rige som en herlighed. Ordet herlighed beskrives i mit bibelleksikon som: ære, storhed, glans og magt. Det er altså dette herlige rige, at vi venter, og at vi i bønnen "komme dit rige" er opfordret til at bede om, og at det må komme snart.

Jesus opfordrer os til at samle skatte i Himmelen. Han siger (Matt. 6:20,21): "Hvor din skat er, der vil også dit hjerte være." Nu kan vi jo ikke indsætte penge i Himmelens bank. Hvordan samler vi så skatte i Himmelen? Det må være ved, at Herren lønner os for de gerninger, vi gør her på jorden.

Paulus skrev til Timoteus (1. Tim. 6:17-19): "Byd dem, der er rige i den nuværende verden, ikke at være hovmodig eller at sætte deres håb til den usikre rigdom; men til Gud, som i rigt mål giver til os alt, for at vi må nyde godt deraf; byd dem at øve godgørenhed, være rige på gode gerninger, gerne give og dele med andre og således samle skatte, der kan blive en god grundvold for den kommende tid, så de kan gribe det virkelige liv." Er det på denne jord, at Gud lønner os? Eller er det i Himmelen? Lad os læse, hvad Paulus skrev om dette emne i hans første brev til Korinterne 3:10-15: "Efter den Guds nåde, som blev givet mig, har jeg som en kyndig bygmester lagt grundvold, men andre bygger videre på den. Men enhver se til, hvorledes han bygger! Thi ingen kan lægge anden grundvold en den, der er lagt, nemlig Jesus Kristus. Og hvis man på den grundvold bygger med guld, sølv, kostbare sten, træ, hø, strå, så skal det engang åbenbares, hvad slags arbejde enhver har udført; thi dagen skal gøre det klart, for den bryder frem med ild, og ilden skal prøve, hvordan enhvers arbejde er. Hvis det arbejde, som en har bygget derpå, består, da skal han få løn; hvis ens arbejde bliver opbrændt, da skal han miste lønnen; men selv skal han blive frelst, dog som gennem ild."

Man kommer ikke ind i Guds rige på grund af gerninger, men på grund af tro. Selv om ens gerninger viser sig at være værdiløse, så bliver vi alligevel frelste på grund af vor tro på Jesus. Men der står, at han skal miste lønnen. Det må jo være vore gerninger, der bliver testet. Hvis der ikke gives løn, som man kan have gavn af i evigheden, så er vi inde på et område, som jeg ikke kan oplyse nogen noget om. Et er helt sikkert: vore gerninger her på jorden skal ikke være motiveret af at få så meget som muligt i løn i Himmelen; det skal være motiveret af, at vi elsker Jesus, og at vi vil gøre det lidet, som han kalder os til at gøre.

Hvem skal opleve det rige, som vi beder om, når vi beder: "Komme dit rige? Jesus sagde: (Matt. 5:3) "Salige er de fattige i ånden, thi himmeriget er deres", og til Nikodemus sagde han: "Ingen kan se Guds rige, hvis han ikke bliver født på ny." Senere sagde han til sine disciple: "Jeg er vejen og sandheden og livet; ingen kommer til Faderen uden ved mig." Det betyder, at ingen kommer ind i Guds rige, hvis de ikke tror på Jesus. Derfor er det nyttesløst at bede: "Komme dit rige", hvis man ikke tror på Jesus. Hvad glæde kan man have af, at Guds rige kommer, hvis man bare oplever, at det kun er andre, der bliver taget med, og man selv bliver ladt tilbage. Der står jo i Matt. 24:40-42: "Da skal to mænd være sammen på marken; den ene tages med, og den anden lades tilbage. To kvinder skal male på samme kværn; den ene tages med, og den anden lades tilbage. Våg derfor, thi I ved ikke, hvad dag jeres Herre kommer."

Er det med frygt og bæven, at du beder denne bøn: "Komme dit rige?" Eller er det med glad forventning, du gør det? Tænk, Jesus har åbnet vejen til Guds rige for os. Vi synger i en af vore sange: "Han har åbnet perleporten, så at jeg kan komme ind. Thi ved blodet har han frelst mig, og bevaret mig som sin." Hvis man har oplevet dette, så kan man med glæde og forventning se frem til, at bønnen går i opfyldelse, og Guds rige kommer.

Jesus sagde, at hans komme bliver som en tyv om natten. Man opdager det først bagefter, når det er sket. Når Guds rige kommer - når Jesus kommer og henter dem, der tilhører ham, - så bliver der ikke tid til at tænke: "Kommer jeg med, eller kommer jeg ikke med?" Det sker på et øjeblik, så enten er du med, eller også er du ladt tilbage. Tænk på det, når du beder: "Komme dit rige. Jeg opfordrer dig ikke til at undlade at bede: "Komme dit rige", men til at gøre op med dig selv, om du er rede til at modtage Jesus til enhver tid.

Paulus skrev til korinterne i sit andet brev: (2. Kor. 13:5) "Jer selv skal I ransage, om I er i troen, jer selv skal i prøve! Mærker I ikke på jer selv, at Jesus Kristus er i jer?

Ellers står I ikke prøve." Nu skal man ikke hele tiden prøve sig selv. Det giver bare en negativ virkning. Når man har oplevet, at man er frelst - når man har modtaget Jesus som sin Frelser, så skal man bare se fremad i forventning om at møde Jesus, når han kommer.

Efter vor menneskelige opfattelse, så må alting have en begyndelse og en afslutning. Vi har svært ved at opfatte evigheden. Guds rige er et evigt rige uden begyndelse og uden afslutning, så når du beder: "Komme dit rige", så husk, at det er et evigt rige, der skal komme til jorden. Før end verdens grundvold blev lagt, har Gud lagt en plan over, hvordan han vil skabe mennesker, der af egen fri vilje vil elske ham. Han ønsker ikke at være Gud for skabninger, der kun gør alting korrekt på grund af, at de er skabt til det. Gud kunne have skabt mennesker, der ikke kunne fejle på noget område. Men Gud vil, at mennesker selv skal vælge, om de vil tilhøre ham eller ej. Gud forudbestemte, at alle dem, der valgte at tro på Jesus Kristus, skal indgå i Guds rige. Gud ønsker, at alle mennesker skal frelses og komme til sandheds-erkendelse. Men Gud har givet os mennesker selvbe-stemmelsesret. Vi bestemmer selv. Vil vi, uden at stille betingelser, gå ind under Guds frelsesplan? Jesus sagde: "Kæmp I for at komme igennem den snævre port; thi mange, siger jeg jer, skal søge at komme ind, og ikke formå det." (Luk. 13:24)

Der er mange, der beder: "Komme dit rige", uden at gøre sig klar til at gå ind i det. Der er måske nogen, der tror, at de kan følge den brede vej, altså syndens vej, så længe som muligt, for på et senere tidspunkt at søge Guds rige. Men det går dem ofte, som det gik Esau, der solgte sin førstefødselsret for et eneste måltid mad. Der står om Esau i Heb. 12:15-17: "Og se til, at ingen går glip af Guds nåde, at ingen bitter rod skyder op og gør fortræd, så mange smittes af den; at ingen er utugtig eller vanhellig som Esau, der for en eneste ret mad solgte sin førstefødselsret. I ved jo, at skønt han siden hen ønskede at arve velsignelsen, blev han vraget; thi han fandt ingen lejlighed til at omvende sig, skønt han med tårer søgte derefter."

Han ønskede selv at bestemme, hvornår han skulle begynde at leve op til den arv, som han var født til at arve; men på det tidspunkt var han så bundet af syndens følger, at han ikke kunne gå ind under Guds vilje.

Mange mennesker beder: "Komme dit rige" uden nogensinde at søge Guds rige. De mener, at de er under Guds beskyttelse, når de beder "Fadervor". Mange mennesker beder denne bøn uden at tænke over, hvad det er, de beder om.

Gud besluttede, at vi skulle have barnekår hos ham ved Jesus Kristus. Jesus er indgangen til Guds rige. Ingen kan komme ind i Guds rige ad en anden vej. Der er nogen, der tror, at de har alt i orden med Gud, når de bare beder deres "Fadervor". Da menneskeskaren på pinsedagen spurgte, "Hvad skal vi gøre?", sagde Peter da: "Bed jeres 'Fadervor', som Jesus har lært jer, så er alt i orden"? Nej, han sagde: "Omvend jer og lad jer døbe hver især i Jesu Kristi navn til jeres synders forladelse, så skal I få Helligånden som gave." Det er indgangen til Guds rige. Omvendelse, dåb og modtagelse af Helligånden. Når du har gjort det, kan du med frimodighed bede: "Komme dit rige", for livet i Guds rige er langt herligere end livet på jorden. Vi læste i 1. Tim. 6:19, at vi skal samle skatte, der kan blive en god grundvold for den kommende tid, så de kan gribe det virkelige liv. Det virkelige liv er altså ikke livet her på jorden i dens nuværende tilstand. Det virkelige liv begynder, når vi kommer hjem til de evige boliger. Der står jo også skrevet om Abraham, at han boede i telte sammen med Isak og Jakob; thi han ventede på staden med de faste grundvolde, hvis bygmester og skaber er Gud. Abraham så hen til det nye Jerusalem, staden som Herren har bygget til dem, der har gjort sig rede til at følge ham, når han kommer på Himmelens skyer. Der hvor vi skal opleve det, som benævnes, som det virkelige liv. Om du er rede eller ej, kan du selv bedømme ud fra Guds ord. Vi beder: " Komme dit rige." Men er vi rede til at følge ham, når han kommer? I Matt. 25 fortæller Jesus en lignelse om de ti jomfruer, der gik ud for at gå brudgommen i møde. Men da råbet lød: "Se brudgommen er der, gå ham i møde," da var kun de fem jomfruer rede til at modtage ham og drage med ham. Lad os være rede hver især, så vi ikke bliver overrumplede. Lad os kunne bede: "Komme dit rige" med forvisning i hjertet om, at vi skal være sammen med Jesus i evigheden. Amen.

Ske din vilje 1

I den tredje bøn i "Fadervor" beder vi: "ske din vilje." Vi er nu blevet enige om, at Gud først er vores himmelske Fader, når vi er født på ny. Det vil være meningsløst at tiltale Gud, som sin himmelske Fader, hvis han ikke er det. På samme måde er der ikke megen idé i at bede: "komme dit rige", hvis vi ikke er rede til at møde Jesus, når han kommer for at oprette sit rige her på jorden. Det vil også være nyttesløst at bede: "Ske din vilje på jorden, som den sker i Himmelen", hvis den, som beder sådan, ikke er villig til at rette sig efter Guds vilje.

Der er måske nogen, der er vant til at vende sætningen modsat og beder: "Ske din vilje i Himmelen, således også på jorden." Meningen er den samme. Guds vilje sker i Himmelen. Der er ingen ulydighed i Himmelen. Synd kan ikke komme der.

Så vi beder: "Må det også være sådan her på Jorden." For at gøre Guds vilje, må vi kende, hvad der er Guds vilje. Vi kan ikke selv bedømme, hvad der er Guds vilje; men vi har fået det åbenbaret gennem Bibelens ord. I det vers, vi kalder "Den lille Bibel" (Johs. 3:16), står der: "Thi således elskede Gud verden, at han gav sin Søn den enbårne, for at enhver, som tror på ham, ikke skal fortabes, men have evigt liv." Guds vilje er, at alle skal frelses ved troen på Jesus. Gud har givet os denne vej til frelse, og ingen andre. Johannes Døberen siger det så klart i Johs. 3:36: "Den, som tror på Sønnen, har evigt liv; den, som ikke lyder Sønnen, skal ikke se livet; men Guds vrede bliver over ham." Når man beder bønnen: "Ske din vilje på jorden, som den sker i Himmelen", så vil der ikke være nogen mening med bønnen, hvis man ikke ønsker, at Guds vilje skal ske i ens eget liv. Meningen er jo: "Ske din vilje med mig, som den sker i Himmelen!"

Det er Guds vilje, at alle mennesker skal frelses. Vi er vel oplært til at være høflige mod vore medmennesker. Først de andre, og så mig selv. Det passer ikke, når det drejer sig om at gøre Guds vilje. Når man skal underordne sig under Guds vilje, så er det først en selv, det drejer sig om. Når man selv har fået sin sag med Gud i orden, så kan man se klart til at vejlede andre. Som Jesus sagde: (Matt. 7:5) "Hykler! tag først bjælken ud af dit eget øje; så kan du se klart til at tage til at tage splinten ud af din broders øje."

Lad mig lige fastslå, at Gud er kærlighed. Gud er også retfærdig. Gud har skabt os til at være selvstændige individer. Vi er ikke skabt til at være trælle, og slet ikke til at trælle under synden, eller under falske religioner. Jesus kom for at frigøre de bundne, for at løse trælles bånd. Gud ønsker ikke at undertrykke os eller at tilsidesætte nogen. Han er heller ikke arrogant, så han overser nogen; men Guds vilje er at fremelske det gode og fuldkomne i os. Derfor gør Gud også det, der er godt for os.

Jeg har allerede været inde på, at det er Guds vilje, at alle mennesker skal frelses og komme til erkendelse af sandheden. Når man beder: "Ske din vilje," så må man altså gøre sig det klart, om man er frelst ved troen på Jesus og lever et liv, der er frelsen værdigt. Er vi kommet til sandhedserkendelse, sådan at vi kan tjene den levende Gud?

Vi kan kun erkende sandheden, hvis vi ved, hvad sandheden er. Den lærer vi ved, at læse Bibelen og ved et erkende, at Guds ord er sandhed. Jesus sagde: "Jeg er vejen, sandheden og livet; ingen kommer til Faderen uden ved mig."

Når vi beder: "Ske din vilje," så må det ikke bare være en del af en remse, man lirer af; men det må være en dybfølt bøn i hjertet. Det naturlige menneske er tilbøjelig til at lægge planer for sit liv. Vi ønsker at sikre vor fremtid og planlægger, hvordan den skal være, og beder Gud velsigne dem. Vi ønsker, at vore egne planer skal gå igennem, og glemmer ofte at vente på, hvad der er Guds vilje. Der står i Ef. 2:10: "Thi hans værk er vi, skabte i Kristus Jesus til gode gerninger, som Gud forud lagde til rette, for at vi skulle vandre i dem." Det kan måske være lidt vanskeligt for os, at finde ud af, hvad der er Guds vilje for os? For manges vedkommende, er Guds vilje med dem nok, at de får en almindelig tilværelse med et godt familieliv og børn, som de opdrager på ret vis, samt et arbejde, så de kan klare de daglige behov. Det er i øvrigt i hverdagen, vi skal leve vort kristne liv. Ved møderne i menigheden skal vi være med for at blive opbygget og være med til at vinde andre for Jesus. Når man beder: "Ske din vilje", må vi være opmærksomme på, hvad der er Guds vilje.

Noget af det, som Gud har lagt til rette for os, kan måske gøres på et øjeblik; men det kan være noget, der kan have stor betydning, noget der får evighedsbetydning. Vi er måske tilbøjelige til at tro, at det er en livslang gerning, som Gud har tilrettelagt for os; men det kan jo lige så godt være en lang række af småting, så man må tænke: "Hvad mon det er Guds vilje, jeg skal gøre i dag?" Sådan må vi i øvrigt tænke alle sammen, for vort liv er jo opdelt i dage. Vi lever jo blot en dag et øjeblik ad gangen. Som Jesus sagde: "Hver dag har nok i sin plage." Derfor må vi også hver dag bede: "Ske din vilje."

Det kan være, at det er en livslang gerning, at Gud ønsker, du skal gøre. Noget, der måske går imod dine egne planer og ideer om din fremtid. Så kan det måske være svært at bede: "Ske din vilje på Jorden, som den sker i Himmelen", for så afhænger det af, at du er lydig. For mit eget vedkommende, da jeg fik kald til Japan, kom jeg med en masse indvendinger. "Jeg har svært ved at lære sprog. Jeg kan ikke virke i Japan." Men en dag, jeg kørte sammen med nogle Japanmissionærer til et møde, hvor de skulle tale, blev de spurgt, om det ikke var svært at lære japansk, og så svarede de: "Jo, det er svært, men hvis man vil lære det, så kan man." Det var altså et spørgsmål om vilje. Vi skal ikke stille betingelser, når vi beder: "Ske din vilje". Gud er kærlighed. Han stiller dig ikke over for opgaver, som du ikke kan udføre.

Jeg vil lige nævne, at der måske kan være noget, du gerne vil gøre, men ved at bede om, hvad der er Guds vilje, så bliver du klar over, at det ikke er dig, der skal gøre det, så må du lade det ligge. Mange mennesker gør noget, de tror, der er Guds vilje, måske på grund af, at de slet ikke undersøger, om det, de vil gøre, i det hele taget er Guds vilje. Så fejler de, måske uden at vide det. Paulus for eksempel var ivrig som ung farisæer. Han troede, at han tjente Gud; men i stedet for, så modarbejdede han det, der var Guds vilje. Gud så, at Paulus var oprigtig i sin gerning, så Jesus standsede ham og belærte ham om, hvad Guds vilje var med Paulus' liv. Han fik yderligere oplysning gennem Ananias, hvad denne kaldelse gik ud på.

Herren sagde til Ananias: "Gå! thi denne mand er mit redskab, som jeg har udvalgt til at bære mit navn frem både for hedninger og konger og Israels børn, og jeg vil vise ham, hvor meget han skal lide for mit navns skyld." Sådan giver Herren til tider sin vilje til kende ved profeti eller tydninger af budskaber i tungetale. Det sker også i vore dage. Det sker vel, for at menigheden skal vide, at det er Herren, der har kaldet vedkommende. Gud kan også give sin vilje til kende på andre måder; men det er ikke vort emne her. Vort emne er, om vi retter os efter det, som Herren giver til kende, er hans vilje.

Jesus fortalte engang en lignelse, der lyder sådan: (Matt.21:28-31) "Hvad mener I? En mand havde 2 sønner; han gik til den første og sagde: 'Gå hen, min søn, og arbejd i vingården i dag!' Han svarede og sagde: 'Ja, herre!' men han gik ikke derhen. Så gik han til den anden og sagde det samme til ham. Han svarede: 'Nej, jeg vil ikke'; men bagefter fortrød han det og gik derhen. Hvem gjorde nu, som faderen ville?" Vi ser, at det ikke er, hvad vi siger, der betyder noget, det er vore gerninger, der viser, hvor villige vi er til at gøre Guds vilje.

Vi mennesker er forskellige. Der er nogen, der hurtigt bliver begejstret, når de hører Guds ord. De taler straks om det, de vil gøre; men inden de kommer i gang med det, så forsvinder begejstringen, og det ender med, at de slet ikke foretager sig noget. Andre hører det samme budskab, men de reagerer ikke med det samme. Men det, de har hørt, bliver ved med at arbejde i dem, indtil de ikke kan stå imod længere, og så går de lige så stille hen og går i gang med det, som Gud har virket i dem.

En anden lignelse, som Jesus fortalte, lød sådan: (Matt.13:3-23) "Se, en sædemand gik ud for at så. Og som han såede, faldt noget på vejen; og fuglene kom og åd det op. Noget faldt på stengrund, hvor det ikke havde megen jord, og det kom straks op, fordi der ikke havde dyb jord; men da solen stod op, blev det svedet, og det visnede, fordi det manglede rod. Noget faldt blandt tidsler, og tidslerne voksede op og kvalte det. Og noget faldt i god jord og bar frugt, noget hundrede noget tresindstyve og noget tredive fold. Den, der har øren, han hører!"

Da kom disciplene hen og spurgte ham: "Hvorfor taler du til dem i lignelser?" Han svarede og sagde til dem: "Jer er det givet at kende Himmerigets hemmeligheder; men dem er det ikke givet. Thi den, som har, ham skal der gives, og han skal have overflod; men den, som ikke har, fra ham skal endog det tages, som han har. Derfor taler jeg i lignelser, fordi de ser og dog ingenting ser, og hører og dog ingenting hører eller forstår. På dem går Esajas' profeti i opfyldelse, når han siger: "I skal høre og høre dog intet fatte. I skal se og se og dog intet øjne. Thi dette folks hjerte er blevet sløvt, og med ørerne hører de tungt, og deres øjne har de lukket, for at de ikke skal se med øjnene og høre med ørene og fatte med hjertet og omvende sig, så jeg kan læge dem. Men salige er jeres øjne, fordi de ser, og jeres øren, fordi de hører. Thi sandelig siger jeg jer: mange profeter og retfærdige ønskede inderligt at se, hvad I ser, men fik det ikke at se, og at høre, hvad I hører, men fik det ikke at høre. Så hør nu, hvad der menes med lignelsen om sædemanden. Når nogen hører ordet om Riget og ikke forstår det, så kommer den Onde og river det bort, der er sået i hans hjerte; han er sæden, som blev sået på vejen. Sæden, der blev sået på stengrund, det er ham, der hører ordet og straks tager imod det med glæde. Men han lader det ikke slå rod i sig og holder kun ud en tid, og når der kommer trængsel eller forfølgelse for ordets skyld, tager han straks anstød. Sæden, som blev sået blandt tidsler, det er ham, der hører ordet, men timelige bekymring og rigdommens bedrag kvæler ordet, og det bliver uden frugt. Men sæden, som blev sået i god jord, det er ham, der hører ordet og forstår det, og som så bærer frugt, hundrede, tresindstyve eller tredive fold."

På samme måde går det, når nogen beder: "Ske din vilje." De beder: "Fadervor" som en remse og tænker slet ikke på, hvad der er Guds vilje, og derfor er der ingen reaktion. Andre lytter efter, hvad der er Guds vilje, men snart bliver de fyldt af hverdagens sysler og selskabelighed, og de glemmer, hvad der er Guds vilje. Andre bliver fyldt af bekymringer for fremtiden, så de glemmer at rette sig efter Guds vilje. Og så er der dem, der lytter og retter sig efter Guds ledelse.

Når vi beder, må vi være åbne for at modtage Guds vejledning. Gud leder på forskellige måder. Somme tider ved, at man føler uro, hvis man er ved at gøre noget forkert, mens man føler fred i hjertet, når man gør der rigtige.

Der er dem, der ikke kan vente på Guds svar. Vi må jo gøre noget, mener de. Engang jeg tænkte på, hvordan man gør Guds vilje, fik jeg den tanke: "Man kunne tænke sig, at der var en konge, der sagde til sin tjener: "Vent lige her ved døren. Du skal bringe et budskab for mig så snart, det er klar." Tjeneren stillede sig ved døren. Kongen havde vist ham den tillid, at han skulle være budbringer for kongen. Så han står trofast og venter. Imens ser han, at hans medtjenere iler frem og tilbage. De er i færd med at forberede en fest. Efterhånden lægger medtjenerne mærke til ham. Han stod der uden at foretage sig noget, trods den store travlhed. Efterhånden begyndte de at spørge ham, om han ikke kunne hjælpe dem, i stedet for at stå der og se på, at de andre arbejdede. De begyndte måske endog at komme med sårende bemærkninger om dårligt kammeratskab. Nu har denne beretning to afslutninger. Den ene er, at han gik meget op i, hvad hans medtjenere tænkte om ham. Han ønskede ikke at være unyttig. Da der var gået nogen tid fik han den tanke, at kongen måske havde glemt ham. Da nogen kom med noget, der var tungt, sagde de: "Tag lige og giv en hånd med her". Og så gik han hen og hjalp dem.

Efterhånden blev han grebet af den almindelige travlhed, og snart havde han glemt, hvad han egentlig skulle. Da kongen endelig kom ud med budskabet, var budbringeren borte. Kongen tænkte: "Havde jeg dog bare en tjener, jeg kan stole på, og som vil rette sig efter min vilje." Den anden afslutning på historien lyder sådan: "Tjeneren ved døren afviser sine medtjeneres opfordringer og gør det klart for dem, at hans gerning var at adlyde kongens befalinger. Han udholdt medtjenernes skulende blikke og sårende bemærkninger. Da kongen så kom ud, stod han klar til at gå kongens ærinde, og kongen kunne glæde sig over at have en trofast tjener.

Det kan tage lang tid, inden vi lærer at underkaste os Guds vilje, Selv Abraham, der kaldes troens fader, fejlede. Han kunne ikke vente på Guds time for, hvornår han fik den søn, som Gud havde lovet ham. Han så på sig selv og på Sara, at de blev ældre og ældre. Vi må jo gøre noget, for at der kan ske noget. De fik Ismael, der blev til problemer både for dem selv og for deres efterkommere.

Vi må være taknemmelige for, at vi har en barmhjertig Gud, der tilgiver os og fortsætter med at danne os efter sin vilje. Abraham fik oprejsning; men han måtte leve med frugten af sit fejltrin.

Jesus kendte Guds vilje. Han bad i Getsemane have: "Abba Fader! alt er muligt for dig; tag denne kalk fra mig, dog ikke, hvad jeg vil, men hvad du vil." Jesus kendte til Guds vilje, så han overgav sig til den, og han fik kraft til at følge den, selv om det var en lidelses vej.

Når vi beder: "Ske din vilje", så er det ikke nødvendigvis for at lære, hvad der er Guds vilje. Det er ofte sådan, at man kender den, men vi har brug for styrke til at gøre Guds vilje.

Paulus skrev (Rom. 7:15) "Jeg forstår ikke min egen handlemåde; jeg gør jo ikke det, jeg vil, men det, jeg hader, det gør jeg." Vi har brug for Guds kraft til at leve livet efter Guds vilje. Derfor er det også nødvendigt, at vi af hjertet beder: "Ske din vilje". Paulus skrev til Filipperne: (Fil. 2:13) "Thi Gud er den, som virker i jer både at ville og at virke, for at hans gode vilje kan ske." For at Gud kan virke i os, må vi være åbne for det. Gud tvinger ingen. Når du af et ærligt hjerte siger ja til at gøre Guds vilje, så giver Gud dig vilje og evner til at udføre det.

Ske din vilje 2

Da jeg afsluttede foregående kapitel, regnede jeg med at skulle i gang med den næste bøn, "Giv os i dag vort daglige brød"; men da jeg skulle forberede mig, blev jeg klar over, at jeg ikke var færdig med emnet: "Ske din vilje," så jeg vil gå lidt videre med dette emne.

Lad os læse Rom. 9:14-26: "Hvad skal vi da sige? findes der mon uretfærdighed hos Gud? Nej langtfra! Han siger jo til Moses: "Jeg er barmhjertig mod, hvem jeg vil, og jeg forbarmer mig over, hvem jeg vil." Altså beror det ikke på den, der vil, eller på den, der anstrenger sig, men på Gud, der viser barmhjertighed. Og skriften siger til Farao: "Netop derfor har jeg ladet dig fremstå, for at jeg kan vise min magt på dig, og for at mit navn kan blive forkyndt over hele jorden. Altså forbarmer han sig over, hvem han vil, og forhærder, hvem han vil. Nu vil du sige til mig: "Hvad har han så længere at bebrejde os? hvem kan nemlig sætte sig op mod hans vilje"? Menneske! hvem er dog du, som går i rette med Gud? kan noget, som blev formet, sige til den, som formede det: "Hvorfor har du dannet mig således?" Eller har pottemageren ikke rådighed over sit ler, så han af samme masse kan danne et kar til ære, et andet til vanære? Men hvad om nu Gud, skønt han vil vise sin vrede og kundgøre sin magt, dog i megen langmodighed har båret over med vredens kar, fuldt færdige til fortabelse, og gjort dette også for at kundgøre sin herligheds rigdom over barmhjertighedens kar, som han forud havde beredt til herlighed? Og til at være sådanne kaldte han også os, ikke alene dem af jødisk, men tillige dem af hedensk æt, som han også siger hos Hoseas: "Det folk, som ikke var mit folk, vil jeg kalde 'mit folk', og hende, som ikke var den elskede, vil jeg kalde 'den elskede'. Og det skal ske, at på det sted, hvor der blev sagt til dem: 'I er ikke mit folk', der skal de kaldes 'den levende Guds børn'."

Vi ser her, at Gud lader sin vilje ske over dem, han vil. Og Gud har magt til at lade det ske. Gud tvinger ingen til at tro på ham eller til at modtage frelse. Men hvis vi ønsker at være blandt Guds børn, kan man spørge: "Hvordan kommer vi ind under denne Guds vilje?" Der står jo: "Men alle dem, som tog imod ham, gav han magt til at blive Guds børn, dem, som tror på hans navn." (Johs.1:12) Hvordan kan vi lade Guds vilje ske i vort liv? Lad os se på, hvordan man gør det. Vi kan læse endnu et afsnit fra Bibelen. Denne gang fra Det gamle Testamente: (Jeremias 18:1-4): "Det ord, som kom til Jeremias fra Herren: "Gå ned til pottemagerens hus! Der skal du få mine ord at høre." Så gik jeg ned til pottemagerens hus, og se, han var i arbejde ved drejeskiven, og når et kar, han arbejdede på, mislykkedes, som det kan gå med leret i pottemagerens hånd, begyndte han igen og lavede det om til et andet, som han nu gerne ville have det gjort."

Som leret i pottemagerens hånd sådan er vi i Guds hånd. Gud har en plan med vort liv. Han ønsker at danne os til et kar til Hans ære. Som vi synger i en sang: "Er dit liv indviet til Jesus? Er du fyldt af hans kærligheds Ånd? Går velsignelsens strømme til andre, gennem både din mund og din hånd? Levende vandstrømme, Frelser, fra dig flyde til tørstende sjæle ved mig. Din vil jeg være, kar til din ære, hvad du mig gav, være helliget dig!" Vi synger: "Din vil jeg være." Det er to viljer, det drejer sig om. Guds vilje og din vilje. Gud har skabt os som selvstændige individer med en fri vilje. Vi bestemmer selv: Vil vi lade Gud bestemme over vort liv? Hvor langt vil vi lade Gud bestemme? Vil vi overgive os helt i Guds hånd, sådan at han kan forme os efter sin vilje? Jeg ved ikke, hvor meget I har formet med ler; men jeg har som formningslærer arbejdet en del med ler. Det er fantastisk, hvordan man kan forme ler. I har måske stået og set på, hvordan en pottemager har siddet ved sin drejebænk og formet en vase. Han kan bestemme nøjagtig, hvilken form, den skal have. Jeg har prøvet at efterligne det; men jeg havde et problem. Leret skulle ligge lige i centrum af drejeskiven, for at kunne lykkes. Hvis der bare var en lille skævhed, så blev vasen skæv, og når jeg bare var kommet et lille stykke op, så gik det hele i stykker. Jeg måtte prøve igen og igen. Hvis jeg fortsatte med at øve mig, var jeg måske blevet fuldkommen til arbejdet; men jeg havde ikke tålmodighed til at lære det, så jeg mislykkedes og opgav det. Der er mennesker, der føler sig mislykket i mesterens hånd, i Guds hånd, og så opgiver de. De har ikke tålmodighed til at lade mesteren begynde igen. For at blive ved drejeskiven, så har jeg set på, hvordan Merci, min hustru, får en tallerken til at stå i centrum af sin drejeskive, eller kavalet, som sådan en lille drejeskive hedder. Hun sætter tallerkenen midt på skiven og sætter den i gang. Står tallerkenen ikke nøjagtig i centrum, sætter hun en finger hen til kanten af tallerkenen, sådan at den del, der er længst fra centrum får et lille skub af fingeren, indtil tallerkenens rand følger fingeren hele vejen rundt. Derefter kan hun male den ring på tallerkenens kant, som hun ønsker det. Sådan sætter Herren en finger på os, for at lede os ind i centrum af sin vilje.

For at leret kan formes, må det være blødt. Det gør man ved at ælte det. Det skal rigtigt bearbejdes, al hårdhed skal bort. Når det får den rigtige konsistens, kan man begynde at forme det. På den anden side, så må det heller ikke være for blødt, hvis det er det, synker det sammen, når man slipper det. Når man er som leret i mesterens hånd, så må man være så elastisk, at vi kan formes efter hans vilje, og så faste, at vi beholder den form, som mesteren giver os, også selv om vi bliver påvirket af andre ting. Hvis vi vil være kar til Guds ære, må vi ikke være drevet frem af ambitioner eller ønske om at blive æret af mennesker, men vi må være i centrum af Guds vilje.

I 2. Tim 2:20 læser vi: "I et stort hus er der ikke alene kar af guld og sølv, men også af træ og ler, og nogle til ære, andre til vanære. Om karet er til ære eller til vanære, afhænger ikke af materialet, det er lavet af, eller af dets udseende, det er indholdet, der betyder noget. Det, der betyder noget er, hvad Herren vil bruge os til. Gud bruger os på forskellig måde. En åbner sit hjem, så vi har et sted at samles. En anden spiller guitar, som støtter lovsangen. En har et vidnesbyrd. En anden har et Guds ord at dele med os, og de allervigtigste er hver enkelt, der kommer for at være med. Hvad var alt det andet værd, hvis der ikke kom nogen til mødet. Ingen er uden betydning, så længe vi lader Gud have sin vej med os. Et kar er dannet til at indeholde noget. Det kan være Åndens frugt, som er: kærlighed, glæde, fred, langmodighed, mildhed, godhed, trofasthed, sagtmodighed, afholdenhed. Læg mærke til, at det er Åndens frugt. Det er noget Gud lader udvikles i os ved Helligånden.

Hvordan udvikles det i os? Jesus taler om det i en lignelse i Johs.15:5-8: "Jeg er vintræet, I er grenene. Den, som bliver i mig, og jeg i ham, han bærer megen frugt; thi skilt fra mig kan I slet intet gøre. Hvis nogen ikke bliver i mig, kastes de ud som grene og visner; man samler dem og kaster dem i ilden, og de brændes. Hvis I bliver i mig, og mine ord bliver i jer, så bed om, hvad som helst I vil, og I skal få det. Derved er min Fader herliggjort, og I bærer megen frugt og blive mine disciple.

Jesus er vintræet, vi er grenene, der bærer frugt; men for at bære frugt, må grenene hele tiden have næring fra stammen, der får sin næring fra roden. Der går absolut ingen næring fra grenene til stammen. Hvis grenene holder op med at suge næring fra stammen, så bærer de ingen frugt; men bliver tørre og visner bort.

Jesus brugte vintræet som eksempel. I brevet til romerne (11:17) sammenligner Paulus os med grene af et vildt oliventræ, der er podet ind i et ædelt oliventræ, så vi får del i oliventræets fede saft. Læg mærke til, at i os selv er vi ingenting; men vi får del i Guds velsignelser. Det er Guds kraft, der skal virke i os, for at vi kan bære frugt. Det er Guds vilje med os.

Som der står i Johs. 15:16: "Ikke I har udvalgt mig, men jeg har udvalgt jer og sat jer til at gå hen og bære frugt, og det en varig frugt, så at Faderen kan give jer, hvad som helst I beder ham om i mit navn."

Vi ser, at den strøm af næring, skal strømme fra roden igennem os, så vi kan bære frugt. Ikke i perioder; men hele tiden, for at Gud kan give os, hvad som helst, vi beder om.

Jesus taler om det samme i Johs. 7:37-39: "På den sidste og store højtidsdag stod Jesus frem, råbte og sagde: 'Om nogen tørster, han komme til mig og drikke! Den, som tror på mig, fra hans indre skal der, som skriften har sagt, rinde strømme af levende vand.' Det sagde han om den Ånd, som de, der troede på ham, engang skulle få; thi Ånden var endnu ikke kommen, fordi Jesus endnu ikke var herliggjort." Disse strømme skal komme fra dem, som tror på Jesus. Altså fra dem, der lader Guds vilje ske i deres liv. Hvordan kan der komme levende vandstrømme fra os? Der står, at Guds ord er et tveægget sværd, og det trænger så dybt ind, at det sønderdeler sjæl og ånd, marv og ben og er dommer over hjertets tanker og meninger (Heb. 4:12). Guds ord kan, som disse vandstrømme, strømme fra os ved Helligåndens kraft og inspiration. Vore ord skal lede mennesker til Jesus, så de kan gå ind under Guds vilje og blive frelste. Det er altså Gud, som skal virke i os, sådan at vi kan blive virksomme. Thi Gud er den, som virker i os både at ville og at virke, for at Guds gode vilje kan ske. (Fil.2:13)

Det er nødvendigt, at vi er villige til at lade det ske, men det er også nødvendigt, at vi har tålmodighed til at vente på, at det sker på Guds måde og med Guds tempo.

Da jeg var ung, skete der det hos nogle venner, hos en familie, der havde en lille dreng. De havde en potteplante, hvorpå der var mange knopper. Moderen gik hver dag ind for at se, hvor langt den var kommet, og hun var meget spændt på, hvor flot den ville blive. Den lille dreng lagde mærke til, hvor spændt moderen var, og han ville gerne glæde hende, så han gik ind og åbnede alle knopperne, og så gik han ind til moderen og råbte ivrigt: "Mor, mor nu har jeg sprunget alle knopperne ud." Man kan smile ad det; men sagen er, at vi gerne vil forcere noget frem i vore medmennesker, som Gud ønsker, der skal vokse op og modnes i os, sådan at vi kan være en pryd for Herren.

Jeg har tidligere nævnt, at det er indholdet i karet, der betyder noget - ikke udseendet. Peter skrev: (1. Peter 3:3-4) "Jeres prydelse skal ikke være noget udvortes: hårfletning og på hængte guldsmykker eller forskellig klædedragt, men hjertet, det skjulte menneske, med den uforgængelige prydelse, som en sagtmodig og stille ånd er, dette er meget værd i Guds øjne."

Det er noget, der dannes i os, når Gud gør sit værk i os. Den sagtmodige og stille ånd, som Gud virker i os, ligesom også det, som Guds Ånd virker i os, kommer ikke på en gang. Vi må have tålmodighed, ikke alene med hinanden, men også med os selv.

Vi ser vel resultatet for os, sådan som vi gerne vil have

det, og forventer, at det kommer som ved et trylleslag. Men Herren viser os gang på gang, at det tager tid for en frugt at udvikles og modnes. Donald Gee, der underviste på bibelskolen "I.B.T.I." i England om Helligåndens virke, fortalte en lille historie om en dreng, som vældig godt kunne lide tomater. Han fik en tomatplante, som han selv skulle passe. Han vandede den hver dag og så efter, om der var nogle røde tomater på den. Der gik nogen tid, så en morgen så han, at der var kommet en gul blomst på planten. Det var ikke en rød tomat, som han havde ventet; men en gul blomst. Han gik ind til sin mor og beklagede sig. Hun trøstede ham og opmuntrede ham til at fortsætte med at passe planten lidt endnu. En dag så han, at der var kommet en grøn tomat på planten. Hvor ærgerligt, det hele var mislykkedes for ham. Han ville have røde tomater og ikke grønne. Hans mor opmuntrede ham endnu engang, og endelig en dag var der en stor rød tomat på planten.

En frugt skal have tid til at udvikles. Der står, at vi skal nå frem til mands modenhed og det mål af vækst, da vi kan rumme Kristi fylde (Ef. 4:13). Det er det, vi efter Guds vilje skal nå frem til. Vi må gøre os det klart, at vi ikke er mislykkedes, fordi vi endnu ikke er vokset op til mands- modenhed; men vi er på vej til det. På den anden side kan vi let blive så tilfredse med, at det går så godt i tilværelsen, at vi holder op med at søge Herren, og så går vi i stå. Vi når ikke længere, hvis vi føler, at vi er så rige i Kristus, at vi ikke trænger til mere, for så går vi i stå. Det er ligesom, hvis en gren på et træ holder op med at suge næring for at vokse, så går den i stå, den bliver tør, og til sidst knækker den af. Det er ikke Guds vilje, at det skal gå sådan for os. Guds vilje er, at vi skal overgive os helt til ham. Gud er den, der virker i os både at ville og at virke, for at hans gode vilje kan ske.

Vi er på rejse mod Himmelens skønne land. På denne rejse skal vi se fremad mod målet. Somme tider bliver denne rejse sammenlignet med en sørejse, hvor Jesus står ved roret. Jesus leder, og Jesus har omsorg for os på denne rejse. Vi skal ikke se os tilbage og ærgre os over nederlag i vort liv, vi skal se på målet for rejsen. Det ligger foran os. Samtidig med, at vi ser, hvad mennesker formår, så fatter vi også, at Gud formår at lede os til målet. Vi kan roligt lade Jesus lede os.

På en rejse hjem fra Japan skulle vi mellemlande i Schweiz. Det var så tåget, at der var landingsforbud, så vi kredsede rundt oppe over skyerne, hvor kun de højeste bjergtoppe ragede op.

Der var planer om, at vi skulle flyve til Nice i Frankrig, men så besluttede de at lande maskinen. Et sted var der et hul i skyen, så jeg kunne se den korte afstand, der var fra flyets vinge til en klippevæg. Endelig kørte vi hen ad landingsbanen, og folk klappede i hænderne af befrielse, at vi var kommet godt ned. Piloterne kunne ikke se landingsbanen, men flyvelederen nede på flyvepladsen havde styret os ned ved hjælp af sine apparater. Sådan kan Gud også lede os på vor vej til Himmelen, når vi lader ham få ledelsen af vore liv, og når vi lader hans vilje ske.

Det daglige brød

I gennemgangen af "Fadervor" er vi nu kommet til, "Giv os i dag vort daglige brød". Det, vi har gennemgået indtil nu, omhandler vort forhold til Gud. Jeg kan ikke sige, hvorfor bønnen "giv os i dag vort daglige brød", kommer her som den allerførste bøn, hvor vi beder om vor egen tryghed i det daglige liv, førend vi beder for vort forhold til vores næste. Det kan måske vise os lidt om, hvor betydningsfuldt netop dette emne er for os, at vi er sikret det daglige brød. Det gælder ikke alene føden, men også klæder og hjem. Jesus brugte megen tid på at forsikre os om, at vi ikke skal bekymre os for dette, når bare vi vil have tillid til ham og tjene ham. I Matt. 6:24 siger han: "Ingen kan tjene to herrer; han vil jo enten hade den ene og elske den anden eller holde sig til den ene og ringeagte den anden. I kan ikke tjene både Gud og mammon." Vi skal altså ikke være tjenere for mammon for at få det daglige brød. Jesus forsikrer os om, at vores himmelske Fader vil sørge for os, hvis vi tror på ham. I vers 25 fortsætter Jesus sin undervisning om Guds omsorg. "Derfor siger jeg jer: "I må ikke være bekymrede for jeres liv, hvad I skal spise, eller hvad I skal drikke; heller ikke for jeres legeme, hvad I skal klæde jer med. Er ikke livet mere end maden, og legemet mere end klæderne." Livet er mere end maden. Vi lever jo ikke for at spise; men vi spiser for at leve. Derfor siger Jesus også: "Men søg først Guds rige og hans retfærdighed, så skal alt det andet gives jer i tilgift." Matt. 6:33 er et vers, I gerne må kunne udenad, ligesom "Den lille Bibel" Johs. 3: 16: "Thi således elskede Gud verden, at han gav sin Søn den enbårne, for at enhver, som tror på ham, ikke skal fortabes, men have evigt liv." Jesus fremhæver, at det mest betydningsfulde her i livet er vort forhold til Gud. Som her i Matt. 6:33: "Men søg først Guds rige og hans retfærdighed, så skal alt det andet gives jer i tilgift." Hvad er alt det, som skal gives os i tilgift? Det er mad og drikke og klæder, som Jesus forsikrer os om, at Herren vil give os.

Da jeg læste verset: "Giv os i dag vort daglige brød", så jeg, at der neden under verset var en henvisning til Ordsp. 30:8. Jeg slog det op i min Bibel og læste: "Hold svig og løgneord fra mig; giv mig hverken armod eller rigdom, men lad mig nyde mit tilmålte brød, at jeg ikke skal blive for mæt og fornægte og sige: 'Hvo er Herren?' eller blive for fattig og stjæle og volde min Guds navn men." Vi kan måske undre os over, at han bad om ikke at blive for mæt. Men det er et af menneskers svagheder. Vi kan ikke tåle at blive for mætte. Hvis vi får for mange materielle goder, bliver vi så optaget af det, at vi glemmer Gud, der giver os det. Vi kan jo se, at det er nemmere at bringe evangeliet ud til folk i fattige lande, end til dem i de rige lande.

Gud lover os det daglige brød dag for dag. Vi skal altså ikke hamstre madvarer i frygt for, at det slipper op. Jeg tror ikke, at det har noget at gøre med fornuftig opsparing. Men det har noget at gøre med, at vi ikke skal frygte for fremtiden. Vi skal tro, det vil sige: at vi skal have tillid til Gud, at han sørger for os under alle forhold.

Jesus fortalte en lignelse om en bonde, der havde fået for meget gods. Luk. 12:16-21: "Der var en rig mand; hans mark havde båret godt. Han tænkte ved sig selv: 'Hvad skal jeg gøre? jeg har jo ikke plads til min høst.' Og så sagde han: 'Sådan vil jeg gøre: jeg vil rive mine lader ned og bygge dem større, og dér vil jeg samle alt mit korn og mit gods; og jeg vil sige til min sjæl: "Sjæl! du har meget gods liggende, nok for mange år; slå dig til ro, spis, drik og vær glad!" Men Gud sagde til ham: 'Du dåre! i denne nat kræves din sjæl af dig; hvem skal så have det, du har samlet dig?" Lad os lige læse næste vers med: "Således går det den, der samler sig skatte, men ikke er rig hos Gud." Lignelsen er altså ikke en advarsel mod at være rig. Men en advarsel mod at sætte sin lid til rigdom i stedet for til Gud. Gud betror rigdom til mænd, der kan administrere den til gavn for samfundet. Vi må blot huske, at guldet og sølvet tilhører Herren.

Hvorfor skal vi bede om det daglige brød? vi kan jo gå hen i supermarkedet og købe det. Det ville jo være let for Herren, at stoppe for al handel, så der ikke er noget i forretningerne. Vi må jo huske på, at det er Gud, der har skabt kornet, så vi har noget at leve af, og han har også skabt muldjorden, til kornet at gro i. Og så har han skabt verdens bedste vandingsanlæg.

Vandet i havet fordamper, og dampen trækker ind over land og falder ned som regn og vander markerne. Så løber det tilbage til havet, hvor det fordamper igen. Vor himmelske Fader var den første, der indførte genbrug.

Jesus sagde: "Søg først Guds rige og hans retfærdighed, så skal alt det andet gives jer i tilgift." Jesus forsikrede os, at vi ikke behøver at bekymre os for vort daglige brød, eller hvad vi skal klæde os med. Herren har jo vist os, hvordan han har magt til at skaffe mad endog på mirakuløs måde. Gud har jo skabt jorden, sådan at den kan dyrkes, så vi på den måde kan få mad. Men selv i en ørken kan Gud give mennesker, hvad de har behov for. Israelerne havde brug for føde, da de vandrede i ørkenen. Gud lod manna falde ned fra himmelen og lod det falde rundt om lejren, men ikke inde i lejren. Det skete i fyrre år, så længe der var behov for det, så stoppede det. I seks dage om ugen kunne de gå ud og samle manna op. På den 6. dag var der dobbelt portion, så de kunne samle til sabbatten. Lige meget hvor i ørkenen, de befandt sig, så faldt mannaen rundt om lejren - ikke i selve lejren og heller ikke andre steder i ørkenen. Gud vidste lige bestemt, hvor de var.

Sådan ved Gud også, hvor du er, og hvad du har brug for. "Se til himmelens fugle," sagde Jesus, "de sår ikke og samler ikke i lade, og dog giver jeres himmelske Fader dem føden; er I ikke meget mere værd end de? (Matt.6: 26) Og hvorfor er I bekymrede for klæder? Læg mærke til liljerne på marken, hvorledes de vokser; de arbejder ikke og spinder ikke; men jeg siger jer, at end ikke Salomon i al sin pragt var klædt som en af dem. Klæder da Gud således græsset på marken, som står i dag og i morgen kastes i ovnen, skulle han så ikke meget snarere klæde jer, I lidettroende?" (Matt. 6:26-30) Gud har omsorg for os. Vi har erfaret det. Mens min hustru, Merci, og jeg var missionærer i Japan, fik vi vort underhold udbetalt i danske penge, men sendt til os i japanske yen. Der var dengang inflation. De danske penge blev mindre og mindre værd i forhold til de japanske penge. Jeg skrev ikke hjem og bad om flere penge, inden det var helt nødvendigt.

Merci manglede kjoler, og hun bad til Gud om at få nogle. Hun sagde til Gud, at han jo vidste, hvilken størrelse og hvilken facon, der var bedst til hende. Fire dage efter kom der en pakke fra Norge, hvori der var 10 kjoler, der passede Merci som om, de var syet til hende. De var allerede sendt fra Norge, førend Merci bad om dem. Herren siger: (Es. 65:24) "Førend de kalder, svarer jeg; endnu mens de taler, hører jeg." Gud har omsorg for os, han ved, hvad vi trænger til, førend vi beder om det. Herren vidste, hvor vi var, så han kunne sende pakken til den rigtige adresse. Jesus sagde: "Derfor må I ikke være bekymrede og sige: "Hvad skal vi spise?" eller: "Hvad skal vi drikke" eller: "Hvad skal vi klæde os i? Thi efter det søger hedningerne, og jeres himmelske Fader ved, at I trænger til alt dette. Men søg først Guds rige og hans retfærdighed, så skal alt det andet gives jer i tilgift. Derfor må I ikke være bekymrede for dagen i morgen; thi dagen i morgen skal bekymre sig for det, der hører den til. Hver dag har nok i sin plage." (Matt.6:31-34).

"I må ikke være bekymrede," sagde Jesus. Hvis vi ikke passer på, går det let sådan, at så snart et problem er løst, så finder man noget andet at bekymre sig for. Lad os glæde os over og takke for, hvad Gud gør for os. Vi må huske, at livet er mere værd end maden, og legemet er mere værd end klæderne. Lad os først og fremmest søge Gud, og leve med ham hver dag. Så vil han sørge for os. "Læg mærke til liljerne på marken, hvorledes de vokser; de arbejder ikke og spinder ikke; men jeg siger jer, at end ikke Salomon i al sin pragt var klædt som en af dem." (Matt. 6:28). Jeg har en bog med billeder af bjerge. Selv oppe på bjergene, hvor mennesker næsten aldrig kommer op og ser dem, er der de fineste blomster. Gud kunne jo have tænkt: "Her kommer der næsten aldrig nogen, så det behøver jeg ikke at gøre så meget ud af." Men sådan tænker Gud ikke. Det, han skaber, er altid fuldendt. Når Gud ikke er ligegyldig med, hvordan blomsterne i naturen er klædt, mon han så er ligeglad med, hvordan vi er klædt. Da jeg var på højskole, og også da jeg var på bibelskole, forventede man, at vi alle stillede i vort søndagstøj, når vi var til møde. En varm sommerdag tillod jeg mig, at gå til møde uden at have slips på. Efter mødet kom en af lærerne og sagde til mig: "Husk altid at være korrekt påklædt, når du stiller dig frem for Herren."

Nu om dage er det ikke alle, der lægger vægt på, om man klæder sig i særligt pænt tøj om søndagen. Det er godt nok ikke klæderne, men personen, det kommer an på; men mon ikke Gud har sans for skønhed. Han har jo dog gjort meget ud af, at skabe en skøn natur. Vi kan jo også se, hvor store krav han stillede til de jødiske præsters klædning. Vi er jo et kongeligt præsteskab, bør vi så ikke gøre lidt ud af vor udseende? For Gud er der dog noget, der er mere vigtigt end klæderne. Nemlig: Hjertet, det skjulte menneske, med den uforgængelige prydelse, som en sagtmodig og stille ånd er.

Vi klæder os jo på i forhold til, hvor fornemt et selskab vi skal til. Hvor højt vurderer vi selskabet, når vi er sammen med Herren?

Jesu påklædning er ikke beskrevet i Bibelen uden et sted. Det var, da soldaterne delte Jesu klæder. Hans kappe var uden sammensyninger. Den var vævet i et stykke. Det var altså en særlig fin kappe, han bar. Jesus var værdigt klædt.

Når Jesus talte om Guds omsorg for os, så sagde han: "Læg mærke til liljerne på marken, hvorledes de vokser. De arbejder ikke og spinder ikke; men jeg siger jer, at end ikke Salomon i al sin pragt var klædt, som en af dem. Klæder da Gud således græsset på marken, som står i dag og i morgen kastes i ovnen, skulle han så ikke meget mere klæde jer, I lidettroende." (Matt. 6:28-30) Gud har omsorg for os, han ønsker ikke, at vi skal lide nød. I 2. Kongebog læser vi om en kvinde, der lige havde mistet sin mand. Vi kan læse om det i 2. Kong. 4:1-7: "En kvinde, som var gift med en af profetsønnerne, råbte til Elisa: "Din træl, min mand, er død; og du ved, at din træl frygtede Herren. Og nu kommer en, der har krav på ham, for at tage mine to drenge til trælle!" Da sagde Elisa til hende: "Hvad kan jeg gøre for dig? Sig mig, hvad har du i huset?" Hun svarede. "Din trælkvinde har ikke andet i huset end et krus olie." Da sagde han: "Gå ud og bed alle dine naboer om tomme dunke, ikke for få! Så lukker du dig inde med dine sønner og fylder på alle disse dunke, og når de er fulde, sætter du dem til side!" Så gik hun fra ham og lukkede sig inde med sine sønner; og de rakte hende dunkene, mens hun fyldte på. Og da dunkene var fulde, sagde hun til sønnen: "Ræk mig en til!" Men han svarede: "Der er ikke flere dunke!" Da holdt olien op at flyde. Det kom hun og fortalte den Guds mand; og han sagde: "Gå hen og sælg olien og betal din gæld; og lev så med dine sønner af resten."

Det er en fin beretning om Guds omsorg. Kreditoren var rede til at tage hendes sønner fra hende, for at han kunne få det, de havde til gode. Det var jo sønnerne, der skulle forsørge hende, når de blev gamle nok. Så kreditorerne ville så at sige tage det daglige brød fra hende. Hun gik til Guds profet for at få et råd. Det råd, Elisa gav hende, krævede, at hun handlede i tro på Guds omsorg. Hun skulle gå rundt til alle sine naboer og bede om at få tomme oliedunke. Hvad har naboerne tænkt, da hun kom og bad om tomme oliedunke? De vidste jo, at hun ikke havde noget at fylde i dem. De tænkte nok noget i retning af: "Nu er det da helt galt fat med hende på grund af de hårde prøvelser, hun er kommet ud i; men give hende tomme oliedunke, det kunne de da godt hjælpe hende med. Mange er bange for at gøre noget, der kan give naboerne noget at snakke om. Men enken gjorde, som profeten havde sagt, hun skulle gøre. Hun

71

samlede alle de dunke, hun kunne få fat i og gik så ind sammen med sine sønner og lukkede døren, så hun ikke blev forstyrret. Hun havde kun et krus olie. Hvis hun hældte det i en dunk, og Guds mirakel ikke skete, så kunne hun ikke hælde det tilbage i kruset igen. Det ville sætte sig på bunden og siderne af dunken; men enken handlede i tro på Guds ord. Olien blev ved med at flyde, så længe, der var tomme dunke. Der var olie nok, så hun kunne sælge det og komme ud af sin gæld, og så var der endda noget levnet til dem at leve af.

Guds ord viser, at Gud har magt til at hjælpe i alle forhold. Paulus skrev til filipperne: (Fil. 4:6): "Vær ikke bekymret for noget; men lad i alle ting jeres ønsker komme frem for Gud, idet I beder og bønfalder under taksigelse. "

Herren ved, hvad vi behøver, og han ønsker at give os alt det, vi har behov for; men Jesus lærer os, at vi skal bede om det og takke for det. Når vi læser om et mirakel, som det enken oplevede med olien, så synes vi, at det er fantastisk; men det, at vi hver dag får, hvad vi behøver, er det ikke lige så fantastisk? Er det blevet en selvfølge for os, at vi får det? Er vi taknemmelige og takker Gud for det? Eller tager vi bare imod, og så går tanken videre: "Hvad mere kan vi bede om i dag?

Jesus sagde: "Søg først Guds rige." Det er det, I skal beskæftige jer med, så skal alt det andet gives jer i tilgift." Se hvad Gud har gjort for os. Tæl Guds gaver. Glem ikke, hvad Gud har gjort for os. Jesus sagde: "Sælges ikke to spurve for en skilling? Og ikke en af dem falder til jorden, uden at jeres Fader er med i det. Men på jer er endog alle hovedhår talt. (Matt. 10:29-31)

Frygt altså ikke, I er mere værd end mange spurve." Tro Gud, at han har omsorg for jer. "Gud formår at gøre det, og Gud vil gøre det.

Forlad os vor skyld

Vi er i vor gennemgang af "Fadervor" kommet til bønnen: "Forlad os vor skyld, som også vi forlader vore skyldnere." Det står i Matt. 6:12. Under verset står der, at den oprindelige læsemåde synes at være: "har forladt". Altså: som vi har forladt vore skyldnere. Ordet "forlade" er måske ved at glide ud af vort sprog, men vi ved sikkert alles, at det betyder at tilgive. Er vi villige til at tilgive vore medmennesker, hvis de så at sige træder os over tæerne? Hvad er det at tilgive? Er det at være ligeglad med, hvad ens medmennesker siger om os eller gør mod os? Der står i vers 14 og 15: "Thi tilgiver I menneskene deres overtrædelser, vil jeres himmelske Fader også tilgive jer; men tilgiver I ikke menneskene deres overtrædelser, vil jeres Fader heller ikke tilgive jeres overtrædelser." Det er et alvorligt spørgsmål for os, for det er et spørgsmål om frelse og evigt liv.
Apostlen Peter havde problemer netop med dette spørgsmål. En dag, hvor Jesus talte om tilgivelse, kom Peter hen til ham og spurgte: (Matt.18:21-35) "Herre! hvor ofte skal jeg tilgive min broder, når han forsynder sig mod mig? Er syv gange nok?" Jesus siger til ham: "Jeg siger dig: Ikke syv gange, men halvfjerdsindstyve gange syv gange. Derfor er det med Himmeriget som med en

konge, der ville gøre regnskab op med sine tjenere, Da han begyndte på opgørelsen, blev en, der skyldte ti tusinde talenter, ført frem for ham. (1 talent = ca. 4200 daglønne) Og da han ikke havde noget at betale med, bød hans herre, at han og hans hustru og børn og hele hans ejendom skulle sælges, og gælden betales. Da kastede tjeneren sig ned for ham, bønfaldt ham og sagde: "Hav tålmodighed med mig, så vi jeg betale dig det alt sammen." Da ynkedes den tjeners herre inderligt over ham og lod ham gå og eftergav ham gælden. Men da tjeneren gik ud, traf han en af sine medtjenere, som skyldte ham hundred denarer (1 denar = ca. 1 dagløn); og han greb ham i struben og sagde: "Betal hvad du skylder!" Da kastede hans medtjener sig ned for ham, bad ham og sagde: "Hav tålmodighed med mig, så vil jeg betale dig." Men det ville han ikke; derimod gik han hen og lod ham kaste i fængsel, indtil han betalte, hvad han skyldte ham. Da nu hans medtjenere så, hvad der gik for sig, blev de meget bedrøvede og kom og fortalte deres herre alt, hvad der var foregået. Da kalder hans herre ham for sig og siger: "Du onde tjener! al den gæld eftergav jeg dig, da du bad mig om det. Burde du så ikke også forbarme sig over din medtjener, ligesom jeg havde forbarmet mig over dig!" Og hans herre blev vred og overgav ham til bøddelknægtene, indtil han fik betalt alt det, han skyldte ham. Sådan skal også min himmelske

Fader gøre med jer, hvis ikke enhver af hjertet tilgiver sin broder." Det er en lignelse, der kan få én til at tænke dybt over tingene. At Herren har ret, det må vi jo erkende. Gud tilgav os alle vore synder, os så burde vi også kunne tilgive de små ting, som vi bliver udsat for af vore medmennesker. Men kan den tilgivelse, som vi har fået, ophæves, hvis vi ikke tilgiver andre deres overtrædelser mod en selv? Både Matt. 6:15 og 18:35 viser med al klarhed, at det er sådan. I Matt.6:15 står der: "men tilgiver I ikke menneskene deres overtrædelser, vil jeres Fader heller ikke tilgive jeres overtrædelser." Ikke for at retfærdiggøre os selv, men for at vide, hvad der menes med at tilgive af hjertet, så kan vi se lidt på det at tilgive. Jesus bad for sine bødler, da han hang på korset: "Fader, tilgiv dem, thi de ved ikke, hvad de gør." (Luk. 23:34) Det samme bad Stefanus, da han blev stenet. (Ap.gr. 7:60) De undskyldte deres fjender: "De ved ikke, hvad de gør. De godkendte ikke deres fjenders handlinger. De bad Gud om at tilgive dem deres syndige handlinger, fordi det ikke er dem bevidst, at de fejler. Det betød ikke, at de godkendte deres modstanderes handlinger. Jesus var jo ikke blid, når han irettesatte farisæerne og de skriftkloge. Tværtimod, så brugte han ofte skarpe vendinger imod dem. I Matt. 23. kapitel ser vi, at han advarer folk imod dem. I vers 2 siger han om dem: "På Moses' stol har de skriftkloge og farisæerne taget sæde: Alt, hvad de siger, skal I derfor gøre og overholde; men deres gerninger skal I ikke rette jer efter; thi de siger det nok, men gør det ikke. De binder tunge byrder sammen og lægger dem på menneskers skuldre; men selv vil de ikke røre dem med en finger." Efter at have advaret folk imod dem, taler han direkte til dem i vers 13. "Ve jer, I skriftkloge og farisæere, I hyklere! thi I lukker Himmeriget for menneskene; selv går I ikke derind, og dem, som vil gå ind, tillader I det ikke. Vers 15: "Ve jer, I skriftkloge og farisæere, I hyklere! thi I drager om til lands og til vands for at vinde en eneste proselyt; og når han er blevet det, gør I ham til et Helvedes barn, dobbelt så slemt, som I selv er. Ve jer, I blinde vejledere! I, som siger: 'Om nogen sværger ved templet, det betyder intet; men om nogen sværger ved guldet i templet, han er bundet af sin ed.' I dårer og blinde! Hvad er da størst? Guldet eller templet, der helliger guldet?" Vers 23-24: "Ve jer, i skriftkloge og farisæere, I hyklere. Thi I giver tiende af mynte og dild og kommen og har forsømt det i loven, der har større vægt; ret og barmhjertighed og troskab. Det ene burde I gøre og ikke forsømme det andet. I blinde vejledere, I, som sier myggene af, men sluger kamelen!" Sådan blev Jesus ved med at råbe "ve" over de skriftkloge og farisæerne hele kapitlet igennem. Han ender med at profetere, hvordan det skal gå Jerusalem i vers 37-38: "Jerusalem, Jerusalem! Du, som ihjelslår profeterne og stener dem, der er sendt til dig! Hvor ofte har jeg ikke villet samle dine børn, som hønen samler kyllingerne under sine vinger! Og I ville ikke. Se, jeres hus bliver forladt og overladt til jer selv!"

Hvordan kan disse anklager og denne profeti forenes med, at vi skal tilgive mennesker deres overtrædelser? Her tilgiver Jesus absolut ikke! Der står jo: "Lad samme sindelag være i jer, som var i Kristus Jesus." Skulle Jesus ikke bare tilgive dem? Læg mærke til, at Jesus bad Gud tilgive dem, at de korsfæstede ham, altså, hvad de gjorde mod ham selv personligt, men når de fejlede mod Guds anordninger, så var der ingen tilgivelse. Vi skal have samme sindelag, som Jesus. Vi skal tilgive, når nogen er uretfærdige over for en selv; men hvis de fejler mod Guds anordninger, så har vi ikke myndighed til at tilgive dem. Så må vi tage afstand fra dem, der fejler, eller om der er mulighed for det, påtale fejlene. Ofte har man ikke anden mulighed end at bede for dem.

I Luk. 9:52-56 kan vi læse om nogen, der ikke ville tage imod Jesus. Der står:" Og han sendte sendebud i forvejen; og på deres vandring kom de ind i en samaritanerlandsby for at skaffe ham husly. Men folk der ville ikke tage imod ham, fordi han var på vej mod Jerusalem. Da hans disciple, Jakob og Johannes, så det, sagde de: "Herre! vil du, at vi skal byde ild fare ned fra Himmelen og fortære dem, således som Elias gjorde?"

Men han vendte sig og satte dem i rette og sagde: "I ved ikke, af hvad ånd I er. Thi Menneskesønnen er ikke kommen for at ødelægge menneskeliv, men for at frelse dem." Så gik de til en anden landsby." Vi ser her igen, at der var nogen, der var onde mod Jesus. De tog afstand fra Jesus. De ville ikke give ham husly for natten, fordi han var jøde, og fordi han var på vej mod Jerusalem. Jesus kendte samaritanernes indstilling over for jøderne. Han vidste, at samaritanerne var sådan, på grund af, at jøderne foragtede dem og derfor ikke ville have med dem at gøre. Jesus tilgav dem og gik til en anden landsby, hvor de var mere venligsindede. Men hvordan reagerede disciplene? Her er det Jakob og Johannes, der er mest frem- trædende. De kom til Jesus og sagde: "Herre! Vil du, at vi skal byde ild falde ned fra Himmelen og fortære dem, således som Elias gjorde?" Det er den menneskelige reaktion, når der er nogen, der forhåner dem. Heldigvis så gik de til Jesus og spurgte ham, førend de lod deres retfærdige harme gå ud over byen. Men Jesus irettesatte dem og sagde: "I ved ikke, af hvad ånd I er." De dømte deres medmennesker i stedet for at tilgive dem. Det var måske på grund af denne begivenhed, at de fik navnet "Tordensønnerne". I ved ikke, af hvad ånd I er", sagde Jesus. Vi må jo huske på, at denne begivenhed indtraf, førend Jesus havde sonet deres synder på korset. Johannes endte med at få tilnavnet "Kærlighedens apostel". Hvor meget "Tordensøn" er der mon i hver af os, når vi hører om menneskers uretfærdighed? Vi kan måske kalde det retfærdig harme; men vi må huske Jesu ord til Jakob og Johannes: "I ved ikke af hvad ånd, I er, thi Menneskesønnen er ikke kommen for at ødelægge menneskeliv, men for at frelse dem".

"Forlad os vor skyld, som vi også forlader vore skyldnere!" Disciplene havde lært denne bøn, men de havde endnu ikke fattet betydningen af den. Hvis vi forlader vore skyldnere, så ser de måske Jesu sindelag i os, så de bliver ledet til Jesus. Hvis vi ikke gør det, ser de, hvor hårde vi er, og så respekterer de ikke vort vidnesbyrd om Gud kærlighed.

Gud viste sin kærlighed mod os ved, at Kristus døde på korset for os, medens vi endnu var syndere. (Rom. 5,8) Førend vi bad om tilgivelse for vore synder, havde Gud allerede skabt forsoning for os. Guds tilbud til os er: "Vil du gå ind på forsoningens grund, så vil jeg tilgive dig." Jeg nævnte for lidt siden Peter, som kom til Jesus med spørgsmålet: "Hvor mange gange skal jeg tilgive min broder, når han forsynder sig mod mig? Er syv gange nok?" Jesus siger til ham: "Jeg siger dig: "ikke syv gange, men halvfjerdsindstyve gange syv gange." Vi skal blive ved med at tilgive. Men der er forskel på at tilgive sin broder og at være tolerante! Jesus sagde: "Elsk jeres fjender, bed for dem, som forfølger jer!" Det gjorde Jesus; men når det drejede sig om Guds anordninger, så var Jesus anderledes. I Johannes 2:13-17 læser vi følgende: "Da jødernes påske var nær, drog Jesus op til Jerusalem. Og han fandt i helligdommen dem, som solgte okser, får og duer, og vekselererne, som sad der. Da gjorde han sig en svøbe af reb og drev dem alle ud af helligdommen, både fårene og okserne, og han spredte vekselerernes pengestykker og væltede deres borde, og til dem, der solgte duer, sagde han: "Tag dette bort herfra; gør ikke min Faders hus til en kræmmerbod!" Da kom hans disciple i hu, at der står skrevet: "Nidkærhed for dit hus vil fortære mig." Var Jesus hård og ubarmhjertig, da han gjorde det? Nej, Jesus elskede det, som hørte Gud til og ønskede at bevare det rent, så det ikke blev vanhelliget. Paulus siger:

(1. Kor. 3:16-17) "Ved I ikke, at I er Guds tempel, og Guds Ånd bor i jer? Hvis nogen ødelægger Guds tempel, skal Gud ødelægge ham; thi Guds tempel er helligt, og I er jo hans tempel!" Har du tænkt på, hvilket ansvar vi har over for vor egen person, at der ikke kommer noget urent ind i vor livsførelse. Ind i vort legemes tempel. Vort legeme er et tempel for den hellige Ånd, og Helligånden kan kun virke i et rent tempel. Det er enhvers ansvar, at ens legemes tempel er så rent, at det kan være en bolig for Helligånden, og at det er det. Vi har grund til at

bede: "Forlad os vor skyld, som vi også forlader vore skyldnere." Når du beder "Fadervor", enten som fællesbøn eller som aftenbøn eller ved morgenandagten, tænker du så over, hvad det er, du beder, så du kan få rettet det, der burde rettes i din tilværelse. Vi har en meget fin aftensang, der lyder sådan: "Nu ebber dagens timer langsomt ud, det sidste sandkorn gennem glasset rinder, og hjertet bøjer sig i tak til Gud og samler for hans åsyn dagens minder. Jeg skrifter for dig, hvad jeg har forbrudt, fordi min egen vilje ville råde. Lad alt, hvad jeg har angret og fortrudt, begraves under dybet af din nåde. Så kan jeg gå til hvile tryg og glad, og vide, du og jeg er gode venner, og vi skal aldrig, aldrig skilles ad, du holder jo min hånd i dine hænder." Vi synger i andet vers: "Lad alt, hvad jeg har angret og fortrudt, begraves under dybet af din nåde." Når vi beder sådan, har vi så angret og fortrudt alt, hvad vi burde angre og fortryde i vor tilværelse, sådan at der er renset helt ud? Eller er der et eller andet, man går og undskylder, at man gør, og holder det udenfor det, man burde angre og fortryde? Det behøver jo ikke at være noget syndigt, at man gør. Det kan også være noget, man undlader at gøre. Jeg kunne måske undlade at sige noget i mit budskab, noget som jeg burde gøre opmærksom på, men undlader det på grund af, at jeg føler, at det vil give en dårlig stemning blandt læserne, hvis jeg nævner det. Det er ikke uden grund, at der står: (Jak. 3:1) "Mine brødre! Ikke mange af jer må søge, at blive lærere. I skal vide, at vi får en desto strengere dom." Jeg tror, at Gud også tilgiver undladelsessynder, når man angrer dem og beder om tilgivelse. Jeg håber, at I ikke kan bede denne bøn: "Forlad os vor skyld, som vi også forlader vore skyldnere", uden at I tænker over, om I nu har, angret og fortrudt, det I har fejlet, og tilgiver andre, hvad de har gjort mod jer. Det er jo en alvorlig sag for os, når Jesus i sin bjergprædiken siger: "Thi tilgiver I ikke menneskene deres overtrædelser, vil jeres Himmelske Fader heller ikke tilgive jer jeres overtrædelser." Matt. 6:15.

Til slut må jeg nok sige, at når Gud har tilgivet os vore overtrædelser, så har vi også lov til at tilgive os selv, det vi har gjort. Vi skal ikke blive ved med at grave i vor fortids fejltagelser med selvbebrejdelser og anklager. Hvad Gud har tilgivet, det er tilgivet.

Led os ikke ind i fristelse

Vi skal nu se lidt på den sidste del af "Fadervor". Matt.6:13. "Led os ikke ind i fristelse; men fri os fra det onde". Læg mærke til kommentaren under verset, hvor der står: "Fri os fra den Onde".

Led os ikke ind i fristelse. Det er en god bøn, at have med i vor daglige bøn. Vi mennesker falder så let for fristelser. Somme tider ser fristelser så uskyldige ud, så man tænker: "Det kan jeg godt gøre", og først bagefter, når man har gjort det, bliver man klar over, at det skulle man ikke have gjort. Eller vi siger noget uden at tænke sig om, og så bliver vi klar over: "Det skulle vi ikke have sagt". Det kan jo også være noget, man skulle have gjort, men bliver fristet til ikke at gøre det. Der er god grund til at bede: "Led os ikke ind i fristelse." Nu er det ikke syndigt at blive fristet. Det er først syndigt, når man falder for fristelsen, Jesus blev jo også fristet. Der står i Heb. 4:15: "Thi vi har ikke en ypperstepræst, som ikke kan have medlidenhed med vore skrøbeligheder, men en, som har været fristet i alle ting ligesom vi, dog uden synd.

Vi kender jo lidt til nogle af de fristelser, som Jesus blev udsat for. Der står i Matt. 4:1-11: "Derefter blev Jesus af Ånden ført op i ørkenen for at fristes af Djævelen. Og da han havde fastet i fyrretyve dage og fyrretyve nætter, led han til sidst sult. Så kom Fristeren til ham og sagde: "Hvis du er Guds Søn, så sig, at stenene der skal blive til brød." Men han svarede og sagde: "Der står skrevet: "Mennesket skal ikke leve af brød alene, men af hvert ord, som udgår af Guds mund." Derefter tager Djævelen ham med sig til den hellige stad og stiller ham på helligdommens tinde og siger til ham: "Hvis du er Guds søn, så styrt dig ned; thi der står skrevet: "Han skal give sine engle befaling om dig, og de skal bære dig på hænder, for at du ikke skal støde din fod på nogen sten." Jesus sagde til ham "Der står også skrevet: "Du må ikke friste Herren din Gud." Atter tager Djævelen ham med sig op på et meget højt bjerg og viser ham alle verdens riger og deres herlighed, og han siger til ham: "Alt dette vil jeg give dig, hvis du vil kaste dig ned og tilbede mig." Da siger Jesus til ham: "Vig bort Satan! Thi der står skrevet: "Du skal tilbede Herren din Gud og tjene ham alene." Da forlader Djævelen ham, og se, engle kom og tjente ham.

Der står her i første vers, at Jesus blev ført op i ørkenen for at fristes af Djævelen. Gud frister ikke nogen, skrev Jakob i sit brev. Der er nogen, der påstår, at Gud frister dem; men det er ikke rigtigt, for Gud frister ikke nogen; men Gud tillader, at nogen bliver fristet, ja, han tillod endog, at Jesus blev fristet. Hvis Jesus ikke var blevet fristet, så havde vi ikke haft en ypperstepræst, der kan have medlidenhed med os på grund af, at han selv er blevet fristet i alle ting. Hvorfor tillader Gud, at vi bliver fristet? Fordi vor tro bliver prøvet, når vi kommer ud i fristelser. Peter skrev i sit første brev 1:6-9: "Da skal I fryde jer, selv om I nu først en liden stund, om så skal være, bedrøves i mange slags prøvelser, for at jeres prøvede tro - som er langt mere værd end det forgængelige guld, der dog prøves ved ild - må vise sig at blive til pris og herlighed og ære, når Jesus Kristus åbenbares. Ham elsker I uden at have set ham; på ham tror I uden nu at se ham, og over ham skal I fryde jer med en usigelig og forherliget glæde, idet I når troens mål, jeres sjæles frelse."

Jakob skrev: (1:2-4) "Mine brødre, I skal regne det for lutter glæde, når I kommer ind i mange slags prøvelser. I ved jo, at når jeres tro prøves, virker det udholdenhed; og udholdenhed skal føre til fuldkommen gerning, så I kan være fuldkomne og helstøbte og ikke stå tilbage i noget."

Hvem vil ikke gerne være fuldkommen og helstøbt og ikke stå tilbage i noget?" En bibellærer fortalte, at han, da han var ung og ivrig, bad om prøvelser, så han kunne blive fuldkommen og helstøbt. Han sagde, at han fik bønnesvar, han fik prøvelser. Det skal man ikke bede om. Jesus lærte os at bede: "Led os ikke ind i fristelser." Herren ved nøjagtigt, hvor meget vi kan tåle at blive fristet. Gud ønsker, at vi skal leve et roligt liv i troen på ham. Gud frister ingen.

Vi læste, at Jesus af Ånden blev ledet ud i ørkenen for at fristes af Djævelen. Det er Djævelen, der er Fristeren. Han ønsker at ødelægge Guds skaberværk, mennesket. Han ønsker, at vi skal være ulydige mod Gud. Han angriber os især i vore svage øjeblikke. Jesus fastede i fyrretyve dage og fyrretyve nætter. Da han af den grund var svag, kom Fristeren til ham og fristede ham. En prædikant, der underviste på bibelskolen "I.B.T.I." i England, fortalte, at han havde prøvet at faste i 40 dage. De første 3-4 dage led han sult, men derefter havde han det godt. Han kunne arbejde normalt, når han blot fik noget vand at drikke. Han gjorde opmærksom på, at man kun kan undvære vand i ca. 2 dage, så må man have vand. Den fyrretyvende dag kom hungeren tilbage, og så krævede legemet mad.

Sådan var det også for Jesus. Netop i dette svage øjeblik kom Fristeren og sagde: "Hvis du er Guds Søn, så sig, at stenene der skal blive til brød." Fristeren er listig. Han satte spørgsmålstegn ved Jesu guddommelighed. Han ønskede en dialog, en diskussion; men Jesus afviser ham og siger: "Mennesket skal ikke leve af brød alene, men af hvert ord, som udgår af Guds mund." Jesus brugte Guds ord til at forsvare sig med.

Men Djævelen er snu, han begyndte også at bruge Guds ord for at friste Jesus. Der står, at derefter tager han Jesus med sig op på helligdommens tinde og siger til ham: "Hvis du er Guds Søn, så styrt dig ned; thi der står skrevet: han skal bære dig på hænder, for at du ikke skal støde din fod på nogen sten." Jesus svarede ham: "Der står også skrevet: Du må ikke friste Herren din Gud." Jesus kunne have styrtet sig ud og komme godt fra det; men Gud ønsker ikke at bevise sin almagt på den måde. Man skal ikke bede om mirakler for at bevise Guds eksistens eller Guds almagt; eller for at bevise, at man er en stor personlighed. Jesus helbredte på grund af sin barmhjertighed, ikke for at bevise sin storhed og magt. Hvad er det at friste Gud? Jeg vil tillade mig at citere det, der står om det i mit bibelleksikon: "At friste Gud betyder ikke at lokke ham til synd. Gud kan ikke fristes". Det vil sige, Gud er upåvirkelig af en hvilken som helst form for fristelse til ondt. Han er absolut hellig. At friste Gud er at sætte hans almagt, alvidenhed, trofasthed eller hans godhed på prøve; i uforstand eller respektløshed at udfordre ham og dermed påføre sig hans straffende domsindgriben. For at opretholde sin ære, må Gud nemlig gribe ind. Ifølge Skriften er dette, at friste Gud, den største af al vanhelligelse, en majestætsfornærmelse af høj rang. Denne synd har sin rod i mangel på gudsfrygt og respekt for de guddommelige love." Citat slut.

Det var det, Djævelen gjorde, og det var det, han fristede Jesus til at gøre. Han fristede Jesus til at bevise, at Guds ord er sandhed, og at Guds løfter holder, ved at kaste sig ud fra templets tinder og ned mellem folkemængden, der til stadighed var ved templet. Men Jesus sagde: "Du må ikke friste Herren, din Gud."

Den tredje fristelse var dette, at Djævelen tilbyder Jesus magten over jordens befolkning, hvis han vil tilbede ham. Der står jo, at Jesus kom for at overvinde Djævelen og alle hans gerninger. Her prøver Djævelen at friste Jesus til at overgive sig til ham i stedet for at overvinde ham, og på den måde at slippe for den forfærdelige død på korset; men Jesus lader sig ikke friste, men siger: "Vig bort Satan! Thi der står skrevet: Du skal tilbede Herren din Gud og tjene ham alene."

Fristeren er ikke bedre i vor tid. Peter skrev i sit første brev kap.5 vers 8-10: "Vær ædru og våg; jeres modstander, Djævelen, går omkring som en brølende løve og søger, hvem han kan opsluge. Stå ham imod faste i troen; I ved jo, at jeres brødre i verden må igennem de samme lidelser. Men al nådens Gud, som kaldte jer til sin evige herlighed i Kristus Jesus, han vil, efter at I en kort tid har måttet lide, selv fuldt ud berede, styrke, bekræfte, grundfæste jer!"

Djævelen prøver på at få det til at se ud som om, at det er en fordel for os, at overgive os til ham; men som der står her, så kommer de, som overgiver sig til ham, ud for de samme lidelser, som dem, der ikke overgiver sig. Vi har brug for hver dag at bede: "Led os ikke ind i fristelse; men fri os fra det onde", og så have det for øje, at al nådens Gud, som kaldte os til sin evige herlighed i Kristus Jesus, han vil, efter at vi en kort tid har måttet lide, selv fuldt ud berede, styrke bekræfte, grundfæste os.

Ligesom Gud tillod, at Jesus blev fristet, sådan tillader han også, at vi bliver fristet. Gud bruger det til at gøre os faste i troen. Jakob skrev i sit brev 1:2-4: "Mine brødre! I skal regne det for lutter glæde, når I kommer ud i mange slags prøvelser. I ved jo, at når jeres tro prøves, virker det udholdenhed; og udholdenhed skal føre til fuldkommen gerning, så I kan være fuldkomne og helstøbte og ikke stå tilbage i noget."

Lad os huske det: at al nådens Gud, som kaldte os til sin evige herlighed i Kristus Jesus, han vil, efter at vi en kort tid har måttet lide, selv fuldt ud berede, styrke, bekræfte, grundfæste os.

Gud gør det, for ham tilhører al magten i evighedernes evighed.

Når vi beder om at blive fri for at blive ledet ind i fristelse, må vi være åbne for, hvordan vi kan blive opbygget på en anden måde. Vi lever i en verden, hvor, som vi læste før, vores modstander, Djævelen, går omkring som en brølende løve og søger, hvem han kan opsluge. Paulus giver os en god anvisning på, hvad vi skal gøre. I Ef.6:10-18 skriver han følgende: "I øvrigt, hent kraft fra Herren og hans vældige styrke! Ifør jer Guds fulde rustning, så I kan holde stand mod Djævelens snigløb. Thi den kamp, vi skal kæmpe, er ikke mod kød og blod, men mod magterne og myndighederne, mod verdensherskerne i dette mørke, mod ondskabens åndemagter i himmelrummet. Tag derfor Guds fulde rustning på, for at I må kunne stå imod på den onde dag og holde stand efter at have besejret alt. Stå da med sandheden spændt som bælte om jeres lænder, og iførte "retfærdigheden" som brynje, tag som sko på jeres fødder villighed til at forkynde fredens evangelium, løft i al jeres færd troens skjold, hvormed I kan slukke alle den Ondes gloende pile, tag imod "Frelsens hjelm" og Åndens sværd, som er Guds ord. Gør dette til enhver tid under stadig påkaldelse og bøn, idet I beder i Ånden, og vær årvågne dertil med stadig udholdenhed og bøn for alle de hellige."

Vor kristendom skal ikke, eller skal jeg sige må ikke være en passiv kristendom. Hvor al vor gudsdyrkelse er at remse "Fadervor" op som vor aftenbøn. Når vi beder: "Led os ikke ind i fristelse; men fri os fra det onde", så må vi være aktive i vort liv med Gud. Vi må tage Guds fulde rustning på. Der må ikke mangle noget. Da jeg var ung, var jeg soldat i 1 1/2 år. Jeg kender til at være klædt "fuld feltmæssigt" Det var ikke nok, at have sine våben med og en stålhjelm på hovedet. Støvlerne, der skulle beskytte fødderne, var lige så betydningsfulde som alt andet. Ens kogekar, som vi skulle spise af, eller eventuelt koge mad i, skulle være rene, og der skulle være frisk vand i vore feltflasker. Der måtte ikke mangle noget. Sådan må der heller ikke mangle noget af Guds fulde rustning. I tro må vi hvile i Herren; men at hvile betyder ikke at være passiv. Jesus sagde: "Søg først Guds rige og al hans retfærdighed, så skal alt det andet gives jer i tilgift."

Hvordan kan vi søge Guds rige og al hans ret-færdighed? Det fortæller Paulus os her i vers 13: "Tag Guds fulde rustning på, for at I kan holde stand, efter at have besejret alt." Skal vi holde stand, efter at vi har besejret alt? Ja, netop i vores sejrsglæde, hvor vi føler os stærke, så er vi allermest svage. Vi skal reorganisere, det vil sige, at vi skal gøre os klar til at møde et modangreb. "Tag derfor Guds fulde rustning på, for at I kan stå imod på den onde dag og holde stand efter at have besejret alt." Hvis vi af hjertet beder om ikke at blive ledet ind i fristelse, og at blive fri fra det onde, så må vi modtage det værn, som Gud tilbyder os. Der står: "Løft troens skjold, hvormed I kan slukke alle den ondes gloende pile. Tag imod "Frelsens hjelm" og "Åndens sværd", som er Guds ord."

Hvis vi vil have noget fra Gud, må vi også modtage det. Der findes ikke en levende, passiv kristendom. Der står i Johs. Åb. om menigheden i Sardes, at den har ord for at leve, men er dog død. Det kan altså lade sig gøre, at bekende sig som kristen, uden at have åndeligt liv. Vil vi leve som kristne, så må vi underordne os under Gud, og så skal vi stå Djævelen imod. Gør vi det, så vil han fly fra os. (Jak. 4:7) Hvis vi er brændende i ånden, så vil han ikke bare vige fra os, han vil flygte fra os.

Søg først Guds rige og hans retfærdighed. For Guds er riget og magten i al evighed.

Dit er riget, magten og æren

I min første gennemgang af bønnen "Fadervor", afsluttede jeg bønnen "led os ikke ind i fristelse, men fri os fra det onde" med lovprisningen: "Dit er riget, magten og æren i evighed," uden at gå nærmere ind på, hvad det betyder for os, at Guds er riget, magten og æren i evighed.

En dag stod det pludseligt klart for mig, at jeg havde gjort alt for lidt ud af dette, at Guds er riget, magt og æren i evighed. Vi beder jo: "Komme dit rige". Hvad er Guds rige? Da Jesus begyndte at prædike, sagde Han: "Omvend jer, thi Himmeriget er kommet nær." (Matt.4:17). Der er vist ingen, der er i tvivl om, at Himmeriget og Guds rige er det samme. Guds rige var hovedemnet i Jesu forkyndelse. David skrev i salme 103:19: "Herren har rejst sin trone i Himlen, alt er hans kongedømme underlagt." Jeg vil gerne fremhæve dette: "Alt er hans kongedømme underlagt." Alt er underlagt Guds rige.

Vi begynder jo også bønnen "Fadervor" med at bede: "Fader vor, du som er i Himlen." Guds rige er i Himlen; men hvad med jorden? Hører den ikke med i Guds rige? Jesus sagde jo, at Guds rige er kommet nær. Når vi tænker på, at jorden er en klode, der er sat i kredsløb i himmelrummet, sat ind i en bane af vores himmelske Fader, så er det jo klart, at jorden også er en del af Guds rige. Paulus skrev til efeserne i kap. 2:1-2: "Også jer har han levendegjort, da I var døde i jeres overtrædelser og synder, som I førhen vandrede i, ledede af denne verdens tidsånd og af herskeren over luftens rige, den åndemagt, som nu er virksom i ulydighedens børn."

Selv om jorden også er en del af Guds rige, så har den et specielt forhold til Gud på grund af synd. Når vi tænker på denne verden, så tænker vi vel mest på de mennesker, der lever på verdslig vis i denne verden. Det er dem, der har vendt Gud ryggen, og lader sig lede af denne verdens tidsånd. Når Jesus taler om, at Guds rige er kommet nær, så er det et åndeligt rige, han taler om. Han sagde jo til Nikodemus (Johs. 3:3), at ingen kan se Guds rige, hvis han ikke bliver født på ny. Når Jesus siger "ingen", så mener han "ingen". I vers 5 siger han: "Sandelig, sandelig siger jeg dig: ingen kan komme ind i Guds rige, hvis han ikke bliver født af vand og Ånd." Hele formålet med vores tilværelse her på jorden er, at vi skal frelses og dannes, så vi kan leve sammen med Jesus i Guds rige i evigheden. Jesus sagde efter sin opstandelse: "Mig er givet al magt i Himmelen og på jorden." Altså over Guds rige. Men når Jesus har al magt over Himmelen og jorden, hvorfor har Satan så megen magt blandt mennesker her på jorden? Vi lever i den tidsalder, som i Bibelen benævnes som "Hedningernes tid". I Lukas 21 sidste halvdel af vers 24 læser vi: "Jeg vil nemlig ikke, at I skal være uvidende om denne hemmelighed, brødre, at der er kommet forhærdelse over en del af Israel, indtil hedningerne fuldtalligt er gået ind." Vi ved ikke, hvornår hedningernes tidsalder er forbi; men der står: "Indtil hedningernes tider er til ende."

Guds rige på jorden er i vor tid et usynligt åndelig rige. Det kan kun ses med "troens øjne". Som Jesus sagde til Nikodemus: "Hvis du ikke bliver født på ny, kan du slet ikke se Guds rige." Og som jeg nævnte før, så kan man end ikke komme ind i Guds rige, hvis vi ikke er født på ny. Når Jesus kommer igen for at være konge over jorden i tusinde år, så daler det nye Jerusalem ned på jorden. I vore dage, ser vi, at mennesker kan sende en rumstation ud i verdensrummet, og de kan sende rumfærger ud til rumstationen med forsyninger og nye astronauter, og tage andre astronauter med tilbage til jorden, hvor de lander der, hvor det var planlagt.   Når mennesker kan gøre dette, så kan vi også forstå, at Gud kan have en færdigbygget by, det nye Jerusalem, et sted i himmelen, og at han kan sende den ned til jorden og anbringe den der, hvor Gud har bestemt, at den skal stå. Gud har ret til at bestemme, hvor det nye Jerusalem skal ligge, for Guds er riget. Det tilhører ham. Han har selv skabt det. Han har også magt til at gøre det, for Gud er almægtig.

Det har han bevist allerede ved skabelsen. Intet er umuligt for Gud. Vi ser Guds almagt, når vi ser på hans skaberværk. Før jeg kom til troen, betragtede jeg mine omgivelser som noget, der altid har eksisteret, noget, der bare var der. Det var naturen, og det var naturligt, at det var der.

Paulus skrev til Romerne i første kapitel vers 19-20: "Det, som kan erkendes om Gud, ligger nemlig åbent for dem; thi hans usynlige væsen, både hans evige kraft og hans guddommelighed, har kunnet ses fra verdens skabelse af, idet det forstås af hans gerninger, så de er uden undskyldning." Når vi ser naturen, så må vi erkende Guds almagt og Guds visdom. Brorson betragtede Guds skaberværk og skrev salmen: Op al den ting, som Gud har gjort, hans herlighed at prise. Det mindste han har skabt er stort, og kan hans magt bevise." Men selv om vi ser Guds almagt i naturen, og selv om Gud i sit ord har forsikret os om, at han kender hver enkelt af os så godt, at endog vore hovedhår er talte, så har vi svært ved at tro på, at Gud har magt og vilje til at lede vores hverdag og til at gribe ind i vort liv samt magt til at helbrede vore sygdomme, fylde os med ny kraft og bruge os i hans gerning.

Når vi læser om, hvordan Jesus stillede stormen på søen, så tænker vi måske på, at når Jesus var om bord, hvorfor var disciplene så bange? Jesus havde jo sagt, at de skulle over på den anden side af søen, og så ville de selvfølgelig nå der over. Men hvordan tænker vi, hvis der pludselig kommer stormvejr i vor egen lille verden? Hvis der kommer en situation i vores tilværelse, som vi ikke kan overse. Har vi så ikke Jesus med os? Overlader vi os så trygt i Jesu hænder, eller lever vi i frygt for fremtiden? Jesus sagde i Matt.11:28-30: "Kom hid til mig, alle I, som er trætte og tyngede af byrder, og jeg vil give jer hvile. Tag mit åg på jer og lær af mig, thi jeg er sagtmodig og ydmyg af hjertet; så skal I finde hvile for jeres sjæle. Thi mit åg er gavnligt, og min byrde er let"

Har vi hver især, indtaget denne stilling til Jesus, så vi i tillid til ham, kan leve med tillid til, at han, som har begyndt sin gode gerning i jer, vil fuldende den indtil den dag, vi skal møde ham.

Jesus har al magt. Han sagde efter sin opstandelse: "Mig er givet al magt i Himmelen og på Jorden." Allerede mens han levede her på jorden, viste han, at han havde den magt. Han viste den blandt andet, da han stillede stormen på søen, og han viste den igen, da han bespiste de 5000 mænd. Han helbredte de syge, der kom til ham. I tre tilfælde opvakte han døde, så de fik deres liv igen. Jesus sagde, at al magt i Himmelen og på jorden var givet ham af hans Himmelske Fader. Den, der kunne give ham denne magt, må jo selv have den samme magt, ellers kunne han ikke give den til Jesus. Når Gud har givet Jesus al magt i himmelen og på jorden, har Gud så afleveret al sin magt til Jesus? Nej, Gud har givet Jesus del i al magt, så de begge har det.

Der står i Heb. 13:8:"Jesus Kristus er den samme i går og i dag, ja, til evig tid." Lever vi i troen på det? eller er det bare en teori for os? Der står jo: "Uden tro er det umuligt at have hans velbehag; thi den, som kommer til Gud, må tro, at han er til og lønner dem, der søger ham." Gud skabte alt dette. Guds er æren. Vi kan mange gange blive benovet over, hvad mennesker kan præstere. Vi har lys og varme i vore boliger. Vi har biler og tog og flyvemaskiner, så vi kan færdes, rundt over jorden efter behov. Vi har telefoner og computere, så vi kan komme i kontakt med hinanden, hvor vi end er. Det er en fantastisk tid vi lever i; men hvis Gud ikke havde skabt metaller og energi, som gør det muligt for os at få alle disse ting, så ville vi stadig leve på samme måde, som de gjorde i stenalderen.

Vores Himmelske Fader har gjort det muligt for os, at få den levestandard, som vi oplever i vore dage. Guds er æren. Men giver vi mennesker Gud æren? Nej, som vi kan læse i brevet til romerne 1:21-25: "Thi skønt de kendte Gud, ærede og takkede de ham dog ikke som Gud, men deres tanker blev tomme, og deres uforstandige hjerte blev formørket. Mens de påstod, at de var vise, blev de dårer, og de ombyttede den uforkrænkelige Guds herlighed med et billede, der forestillede et forkrænkeligt menneske, fugle, firføddede dyr og krybdyr. Derfor gav Gud dem hen i deres hjerters lyster til urenhed, så de vanærede deres legemer indbyrdes; de ombyttede Guds sandhed med løgnen, ærede og dyrkede skabningen fremfor Skaberen, han, som er højlovet i Evighed! Amen."

Vi må lovprise Herren for, at vi har fået vore øjne rettet mod ham, der er sandheden, vejen og livet. Der står i Rom. 5:8: "Men Gud viser sin kærlighed mod os ved, at Kristus døde for os, mens vi endnu var syndere." Jo, vi har grund til at prise Herren i al evighed. Guds er Riget og magten og æren i al evighed.

Vi synger i et kor: "Indenfor eller udenfor, spørges i ord eller sang. Indenfor eller udenfor, hvor skal du stå engang?" Hvor vi skal stå engang er noget, der skal afgøres her i livet, ligesom vi også beder "Fadervor", mens vi lever her på jorden. Lad det være en bøn fra hjertet. Ikke en tom remse, som vi har lært udenad; men en bøn i ånd og sandhed. For Guds er riget, magten og æren i al evighed.

Jesus begyndte at forberede sine disciple på, at der var et evigt liv for dem, som fulgte ham. I Johs. 14:1-3 læser vi: "Jeres hjerte forfærdes ikke! Tro på Gud, og tro på mig. I min Faders hus er der mange boliger. Hvis ikke, havde jeg sagt jer det; thi jeg går bort for at gøre en plads rede for jer. Og når jeg er gået bort og har gjort en plads rede for jer, kommer jeg igen og tager jer til mig, for at hvor jeg er, dér skal også I være."

I kapitel 17 vers 24 bad Jesus for dem, der har taget imod ham sådan: "Fader! Jeg vil, at hvor jeg er, skal også de, som du har givet mig, være hos mig, så de må se min herlighed, som du har givet mig; thi du har elsket mig før verdens grundlæggelse."

For at Gud kan blive æret i al evighed, så må der være nogen til at ære Gud. Hvem kan ære Gud af hele hjertet, om ikke vi, der er frelst ud af en syndig verden, og får lov til at være sammen med Jesus i hans herlighed i evigheden. Må vi alle være rede til at tage imod det i Jesu navn.

Gud svarer på bøn!

I sangen "Når dig livets bølger tumler sælsomt om" står der i koret: "Tæl Guds gaver, tæl dem én for én, mens du tæller, svinder al din mén. Tæl Guds gaver, tæl kun småt og stort, og med undren vil du se, hvad Gud har gjort!" Vi mennesker er tilbøjelige til at fokusere på vore problemer i stedet for på Guds almagt. Når vi står over for et problem og ikke straks får bønnesvar, så er det godt at se tilbage i tiden og huske på, hvordan Gud gang på gang, har hjulpet igennem tidligere. Når jeg tænker på, hvor ofte Herren har ledet og hjulpet mig gennem mere end et halvt århundrede som personlig kristen, så bliver jeg fyldt af taknemmelighed og undren over Guds storhed. Tænk, at en almægtig Gud har omsorg for en enkelt person. Det har været store ting, som at bane den vej, jeg skulle følge i min gerning, og at lede mig, så jeg kunne følge den. Gud tager sig ikke bare af de store ting i livet, men også af de små. Jeg har af og til været i en situation, som jeg selv burde kunne klare, så jeg syntes, at det kunne jeg ikke være bekendt at ulejlige Gud med. Der har været tilfælde, hvor der har været et eller andet, som jeg ikke har kunnet finde. Efter at jeg har måttet opgive det, har jeg sent en lille bøn til Herren: "Herre hjælp mig!" Et øjeblik efter har den savnede ting ligget foran mig, og jeg har med undren tænkt: "Hvor kom det fra".

Også i mange andre situationer har Herren hjulpet mig og min familie. Jeg har i afsnittet: "Giv os i dag vort daglige brød", nævnt, hvordan bønnesvaret var på vej, førend vi bad. Vi fik opleve, at Guds ord er sandt, for der står i Es. 65:24: "Førend de kalder, svarer jeg; endnu mens de taler, hører jeg." Gud kender vore behov, førend vi beder. Når Gud har sådan en omsorg for os, kan jeg undre mig over, at der er så mange ubesvarede bønner. Jakob skrev i sit brev: (4:3) "I beder og får ikke, fordi I beder dårligt, kun for at ødsle det bort i jeres lyster." Her kommer vi til noget grundlæggende. Hvad er grunden til, at vi ønsker bønnesvar? Er det for at kunne leve uden bekymringer, eller er det for, at vi kan leve vort liv til Guds ære? Jesus sagde: (Johs. 14:12-15) "Sandelig, sandelig siger jeg eder: den, som tror på mig, han skal også gøre de gerninger, jeg gør, ja, han skal gøre endnu større gerninger, thi jeg går til Faderen, og hvad som helst I beder om i mit navn, det vil jeg gøre, for at Faderen kan herliggøres ved Sønnen. Hvis I beder mig om noget i mit navn, vil jeg gøre det. Hvis I elsker mig, så hold mine befalinger!"

Gud ønsker ikke, at nogen skal være syge; men han ønsker endnu mindre, at nogen skal gå fortabt. Derfor tillader han sygdom for at prøve vores tro. Peter skrev i sit første brev kap. 1 vers 6 og 7: "Da skal I fryde jer, selv om I nu først en liden stund, om så skal være, bedrøves i mange slags prøvelser, for at jeres prøvede tro – som er langt mere værd end det forgængelige guld, der dog prøves ved ild – må vise sig at blive til pris og herlighed og ære, når Jesus Kristus åbenbares." Hvis du aldrig har kendt til sygdom og smerter, hvordan kan du så forstå dem, der lider, og have medlidenhed med dem? Hvis du ikke får bønnesvar og bliver fri for dine lidelser, så snart du beder, så fortvivl ikke. Gud har ikke glemt dig. Jesus har købt dig, da han sonede din synd på Golgata. Du er dyrebar for ham. Som jeg tidligere har nævnt, så ønsker Gud ikke, at vi skal være syge. Derfor har han givet os mulighed for at blive helbredt. Jakob skrev: (5:14-16) "Er nogen iblandt jer syg, skal han kalde menighedens ældste til sig, og de skal bede over ham, efter at de i Herrens navn har salvet ham med olie. Så vil troens bøn frelse den syge, og Herren vil rejse ham fra sygelejet, og har han begået synder, skal det tilgives ham. Bekend derfor jeres synder for hverandre, og bed for hverandre, for at I må blive helbredt; en retfærdigs bøn har en mægtig virkende kraft." Når det er sådan, så kan man undre sig over, at der er nogen, der ikke bliver raske trods manges forbøn. Ofte bliver nogen taget bort i en alt for tidlig alder. Der er mange "hvorfor", som vi ikke får svar på her i tilværelsen. Bøn er ikke alene bøn om helbredelse. Det omhandler alle forhold i livet. Ikke alene ens egne og ens families forhold, det er også bøn for andre. Det, vi kalder forbøn, kan være forbøn for syge; men ofte er det nok bøn om frelse for dem, vi beder for. Jesus sagde: (Matt.9:37-38) "Høsten er stor, men arbejderne er få; bed derfor høstens Herre om at sende arbejdere ud til sin høst." Det er jo hovedemnet, formålet med livet her på jorden, at mennesker bliver frelste ved troen på Jesus Kristus, og at de vokser i troen på Gud og bliver bevaret, til de når troens mål, deres sjæles frelse. Arbejderne, der bliver sendt ud på høstmarken, behøver også stadig forbøn for at kunne udføre deres gerning. Paulus skrev: (Kol. 4:3-4) "Bed tillige for os, at Gud vil åbne os en dør for ordet, så vi kan forkynde Kristi hemmelighed, for hvis skyld jeg også er i lænker. Ja, bed om, at jeg må åbenbare den med de rette ord."

Bøn er en direkte henvendelse til Gud. I vore moderne tider skulle det ikke være så vanskeligt at forstå, at man kan have kontakt med vor himmelske Fader gennem bøn, lige meget, om vi beder højt, eller vi beder gennem vore tanker. Vi mennesker er jo i stand til at kontakte hinanden ved hjælp af en lille mobiltelefon enten mundtligt eller skriftligt. Vi kan tale med hinanden gennem vore computere, lige meget, hvor på jorden vi befinder os. Det er blevet en naturlig ting for os. Hvorfor skulle det så ikke også være naturligt, at vi gennem bønnen har kontakt med vores himmelske Fader. Det er lige meget, hvilket sprog, vi taler med i vore bønner. Herren forstår alle. Sprog. Derfor kan folk fra hele verden bede til Gud i deres eget sprog, og vi kan også bede i tunger, efter som Helligånden leder os. Som der står i 1. Kor. 14:2: "Den, der taler i tunger, taler ikke for mennesker, men for Gud; ingen forstår det jo, men i Ånden taler han hemmeligheder." Når vi lever vort liv i troen på Jesus Kristus, så kan vi med frimodighed henvende os til vor himmelske Fader, både angående vore egne behov og i forbøn for andre. Jesus opfordrede os til blandt andet at bede Herren om at sende arbejdere ud som missionærer. Han sagde i sin Bjergprædiken til sine disciple: "Høsten er stor, men arbejderne er få; bed derfor høstens Herre om at sende arbejdere ud til sin høst." Jesus gør os medansvarlige for, at evangeliet bliver prædiket for vore medmennesker. Vi ser her, at forbøn har sin betydning. Hvor betydningsfuld forbøn er i den åndelige verden, kan vi måske få en anelse om, når der står, at Helligånden går i forbøn for os med uudsigelige sukke. Og Jesus går også i forbøn for os. Der står i Heb. 7:25: "Derfor kan han også helt og fuldt frelse dem, som kommer til Gud ved ham, fordi han altid lever, så han kan gå i forbøn for dem." Når både Jesus og Helligånden går i forbøn for os, så ser vi, hvor stor betydning forbøn har i den åndelige verden.

Derfor betyder det noget, at vi er med i dette åndelige fællesskab, denne direkte kontakt med Faderen, Sønnen og Helligånden i hvis navn, vi blev døbte. Må Herren give os nåde til at komme ind i bøn til Gud, der har al magt i Himlen og på Jorden.

Troens bøn.

Mit emne i denne bog er at lære at bede. Jeg har gennemgået "Fadervor", og vi skulle nu være helt klar over, hvordan vi skal bede, og til hvem vi skal bede, og hvad vi kan bede om; men er vi nu i stand til at bede ret? Jakob skriver i sit brev om troens bøn. Jak.5:14-15: "Er nogen iblandt jer syg, skal han kalde menighedens ældste til sig, og de skal bede over ham, efter at de i Herrens navn har salvet ham med olie. Så vil troens bøn frelse den syge, og Herren skal rejse ham fra sygelejet, og har han begået synder, skal det tilgives ham." I sidste del af vers 16 står der: "En retfærdigs bøn har en mægtigt virkende kraft." Der står ikke, at troens bøn har en mægtigt virkende kraft, men en retfærdigs bøn har en mægtigt virkende kraft. De to ting må have noget med hinanden at gøre. Hvad er det for en mægtigt virkende kraft, der virker i den troende? Det er Guds kraft! Det er den samme kraft, som Gud virkede i Jesus med, da han oprejste ham fra de døde. Det er den retfærdiges bøn, der virker med denne vældige kraft. Det er altså ikke alle og enhver, der kan bede og så forvente at få bønnesvar, undtagen, at deres bøn er om at blive frelst. Er vi retfærdiggjort ved tro på Jesus, må vi forvente, at Gud hører vore bønner. Jakob giver os i vers 17-18 det eksempel med Elias, at han var et menneske under samme kår som vi, og han bad en bøn om, at det ikke måtte regne; og det regnede ikke over landet i tre år og seks måneder. Og han bad på ny, og himmelen gav regn, og jorden lod sin afgrøde spire frem. Så meget kan der ske ved et menneskes bøn. Jesus sagde det samme til sine disciple: (Matt. 21:21-22) "Sandelig siger jeg jer: hvis I har tro og ikke tvivler, vil I ikke alene kunne gøre dette med figentræet, men om I så ville sige til dette bjerg: 'Løft dig op og kast dig i havet', så skal det ske. Alt, hvad I beder om i jeres bøn, det skal I få, hvis I tror."

Det er værd at lægge mærke til, at apostlene ikke fik denne troens kraft, før Jesus havde sonet deres synder på Golgata, og de havde oplevet pinsedagen, hvor de modtog Helligåndens kraft.

Når du beder troens bøn, så husk, at det er en retfærdigs bøn, der har en mægtigt virkende kraft.

Når du har overgivet dit liv til Jesus og lever i troen på ham, så er du på rette vej, for, som der står i brevet til Romerne 5:1-5: "Da vi nu er retfærdiggjorte af tro, har vi fred med Gud ved vor Herre Jesus Kristus, ved hvem vi i troen har fået adgang til den nåde, som vi nu står i; og vi priser os også lykkelige over håbet om Guds herlighed. Ja, ikke det alene, men vi priser os også lykkelige over vore trængsler, da vi véd, at trængslen virker udholdenhed, og udholdenheden prøvet fasthed, og den prøvede fasthed håb, og håbet gør ikke til skamme; thi Guds kærlighed er udgydt i vore hjerter ved Helligånden, som blev os givet." Er vi kommet hertil i vort trosliv, så kan vi bede troens bøn. Og, hvis vi ærligt beder bønnen: "Lær mig at bede Gud, lær du mig bøn", så må vi lade os lede, til vi når dette troens forhold til Gud.